The Exploration of the Scientification of Pedagogy Knowledge

教育学知识科学化探究

高鹏 著

经济日报出版社

图书在版编目（CIP）数据

教育学知识科学化探究／高鹏著．--北京：经济日报出版社，2018.6

ISBN 978-7-5196-0371-7

Ⅰ．①教… Ⅱ．①高… Ⅲ．①教育学-科学化-研究 Ⅳ．①G40

中国版本图书馆 CIP 数据核字（2018）第 124316 号

书　　名：教育学知识科学化探究
作　　者：高　鹏
责任编辑：王　含
责任校对：刘妙怡
出版发行：经济日报出版社
地　　址：北京市西城区白纸坊东街 2 号（邮政编码：100054）
电　　话：010-63567690（编辑部）　63567687（邮购部）
　　　　　010-63516959　63559665　83558469（发行部）
网　　址：www.edpbook.com.cn
E-mail：edpbook@sina.com
经　　销：全国新华书店
印　　刷：北京九州迅驰传媒文化有限公司
开　　本：710×1000 mm　1/16
成品尺寸：170×240mm
印　　张：11.25
字　　数：200 千字
版　　次：2018 年 6 月第一版
印　　次：2018 年 6 月第一次印刷
书　　号：ISBN 978-7-5196-0371-7
定　　价：46.00 元

序言

高鹏走上教育学科的学术道路不是偶然。高鹏大二从热门的经济学科转来，面试时他谈的主要理由是喜欢教育学，这个理由足以说服大家。本科毕业又执着地选择了攻读教育学原理学科的硕士和博士，十余年的辛勤耕耘结出了累累硕果，获得国家、省和学校多种学术类荣誉称号。硕士学位论文《合人性教育的研究》、博士学位论文《论教育学知识的科学化》，都选择了教育学领域中的基本理论问题，当然也是难题。工作后，高鹏在教育学领域仍笔耕不辍，先后在教育类、体育类核心期刊上发表学术论文多篇，并以博士论文为基础成功获批全国教育科学规划项目。作为高鹏的导师，全程参与见证了他的收获与成长，由衷地感到欣慰。

教育学作为一门独立学科，已有近400年的发展史。在这期间，随着人类社会的进步和教育实践的发展，教育学领域积累了丰硕的理论研究成果，也出现了诸如夸美纽斯、赫尔巴特、杜威、凯洛夫等多位教育学大家。站在前人的肩膀上，我们已习惯于将教育学视为一门“科学”，也习惯于把各个大学的教育类院系自然而然地称之为“教育科学学院”。但如若有人追问：“教育学果真已揭示出了教育中的诸多规律了么？果真能够解答教育实践中的诸多问题了么？果真可以指明教育的发展方向和未来了么？”恐怕诸多教育学研究者还是会缺少对上述问题予以肯定性回答的底气。为何会出现这样的局面？我想，本质上或许还是教育学的名与实问题，即冠有“科学”之名的教育学尚不足够“科学”。而要解决这一问题，尽管会有多种不同的思路和选择，但我始终认为，最有效的方式仍是立足中国的教育实际，创造性继承历史上优秀的教育思想理论遗产，坚持马克思主义世界观和方法论的指导，在教育学的学科体系、学术体系和话语体系上多下功夫，使教育学能够有更加科学清晰的内容逻辑体系和更加严谨的话语表述方式。

高鹏所著的这本书，就是对教育学科学化问题的回应。该书从摆脱教育学“合法性危机”的诉求出发，基于现代性的基本立场，对教育学知识科学化的内涵、教育学知识科学化的价值、教育学知识科学化的前提、教育学知识科学化的方法论、教育学知识的科学化陈述等论题进行了研究，不仅有助于唤起学界对教育学科学化问题的再度关注，也有助于进一步明晰教育学研究应有的价值立场和方法论。

诚然，正如高鹏所言，“本书是教育学‘年轻研究者’的‘年轻作品’”，书中的一些观点确实还不够成熟，但高鹏在本书创作中所展现出来的求真态度和创新精神却很值得称赞。书山有路勤为径，学海无涯苦作舟。《教育学知识科学化探究》一书的出版是对高鹏前一阶段研究成果的总结，也是对他未来教育学研究的激励和鞭策。我希望高鹏不忘初心，在教育学的广大领域里勇于实践和探索，继续提升自身的学术境界和理论品格，为教育学科的发展添砖加瓦。

杨兆山

2018 年 1 月 20 日于长春

目录 CONTENT

导 论 ………………………………………………………… 001

一、研究背景与意义 …………………………………………… 002

（一）研究背景 ………………………………………………… 002

（二）研究意义 ………………………………………………… 005

二、研究的主要问题 …………………………………………… 006

（一）教育学知识科学化的内涵 ……………………………… 006

（二）教育学知识科学化的价值诉求 ………………………… 007

（三）教育学知识科学化的前提 ……………………………… 007

（四）教育学知识科学化的方法论 …………………………… 008

（五）教育学知识的科学化陈述 ……………………………… 008

三、研究进展与评价 …………………………………………… 008

（一）研究现状 ………………………………………………… 008

（二）对已有研究成果的总体评价 …………………………… 022

四、研究方法 …………………………………………………… 024

（一）文献资料法 ……………………………………………… 024

（二）历史研究法 ……………………………………………… 025

五、创新与不足 ………………………………………………… 026

（一）创新之处 ………………………………………………… 026

（二）研究不足 ………………………………………………… 026

七、全书框架说明 ……………………………………………… 026

第一章　教育学知识科学化的内涵 …… 029
一、教育学知识的分析 …… 031
（一）知识 …… 031
（二）教育知识 …… 034
（三）教育学知识 …… 039
（四）教育学知识的功能 …… 042
二、教育学知识科学化探析 …… 044
（一）科学化 …… 044
（二）教育学知识科学化 …… 048
（三）教育学知识科学化的限度 …… 050
第二章　教育学知识科学化的价值 …… 055
一、教育学发展面对的“后现代诘难” …… 057
二、知识科学化：教育学积极应对后现代思维的现实选择 …… 063
三、知识科学化：教育学走向实质繁荣有效路径 …… 069
第三章　教育学知识科学化的前提 …… 075
一、研究对象——教育学知识的来源 …… 077
二、新中国成立后关于教育学研究对象的主要观点 …… 081
（一）教育学的研究对象是“教育事实” …… 081
（二）教育学的研究对象是“教育现象及其规律” …… 082
（三）教育学的研究对象是“教育现象” …… 083
（四）教育学的研究对象是“教育问题” …… 084
三、对不同教育学对象观的学理分析 …… 085
（一）教育事实：具体而不可重复的客观存在 …… 085
（二）教育问题：教育事实矛盾的主观反映 …… 087
（三）教育现象：相似而共识性的“教育问题” …… 089
（四）教育规律：“教育现象”中的本质联系 …… 092
四、“教育现象”作为教育学研究对象的依据 …… 093

（一）教育学研究对象的标准 …… 093
（二）“教育事实”、“教育问题”、“教育规律”观的局限性 …… 096
（三）“教育现象”观的适切性 …… 099

第四章 教育学知识科学化的方法论 …… 101

一、教育学知识生产的方法论沿革 …… 103
（一）“经验总结”抑或“逻辑推理”的方法论阶段 …… 104
（二）“哲学思辨”的方法论阶段 …… 105
（三）“实证研究”的方法论阶段 …… 107
（四）“多元转向”的方法论阶段 …… 109
二、“专属”还是“共享”——教育学研究方法论的独立性探析 …… 111
三、“多元”还是“一元”——教育学研究方法论的多样性探析 …… 115
四、基于研究对象的方法论——教育学研究方法论的选择标准 …… 121

第五章 教育学知识的科学化陈述 …… 127

一、“谁来说”——教育学知识陈述的主体 …… 129
二、“说什么”——教育学知识陈述的内容 …… 134
三、“怎么说”——教育学知识陈述的方式 …… 139
四、教育学知识陈述的案例：“教育回归生活”的话语分析 …… 145

结 语 …… 153

参考文献 …… 159

后 记 …… 167

导 论

一、研究背景与意义

（一）研究背景

从 1632 年夸美纽斯《大教学论》的出版算起，教育学在西方国家的发展已有近四个世纪的历史，即便将这一范围缩小，以赫尔巴特的《普通教育学》作为独立形态教育学产生的标志，教育学也走过了 200 余年的发展历程。这其间，教育学在由青涩迈向成熟、单一步入多元的同时，却面临着日渐深刻的学科信誉危机。就前者言之，经过教育学研究者们的不懈努力，教育学逐步摆脱了作为“教育经验之谈”的常识化存在状态，并通过对其他学科研究范式和相关理论的借鉴吸收，于其内部形成了一定的研究规范与诸多教育流派，进而建构起了丰富的教育理论和教育思想体系，它们不仅为世界各国教育实践的发展提供着有益指导，还为教育学的完善注入了活力，推动着教育学学科地位的提高。就后者言之，尽管教育学者有过长时间的探索和尝试，但教育学迄今未能摆脱制约其发展的“二重困境”，它不仅没有严格遵行理性主义的道路，完全秉承现代性所要求的普遍性、确定性和逻辑性，成为科学化、体系化程度较高的社会科学，也没有严格恪守人文主义的道路，完全秉承后现代所希冀的境域性、相对性和批判性，成为经验化程度较高的开放知识领域，这便使教育学存在的合法性和学科的独立性始终是一个悬而未决的难题。

反观国内，自改革开放以来，我国教育学基本经历了由繁荣到沉寂到复苏再到快速发展的历程。随着近些年以《教育学》命名的“教育学”、“普通教育学”或以《教育原理》、《教育学原理》命名的专著不断面世，教育学研究似乎正处于一个大发展、大繁荣的阶段。然而，“繁荣的教育学”未必就会是“科学的教育学”，如若深究这令人振奋的“繁荣”，我们又不禁感到一丝凉意：文书的繁荣尚未带来学科的实质繁荣，浩如烟海的教育学类专著并没有从根本上消解来自教育实践及其他学科的质疑和挑战，教育学依然存在着理论深度不足、逻辑性不强、体系化程度不高以及与实践相脱离的问题，缺少学科立场、缺少本土情怀、缺少问题意识、缺少规范用语、缺少普适性结论等问题仍如幽灵般困扰着教育学学术研究成果的实效性及公信力，对理论构建的贫困与落后，对教育实践的茫然与无措似乎正在成为教育学无力挣脱的“标签”。有学者甚至以“教育学的迷惘与迷惘的教育学”（陈桂生）来描述当代教育学的现实状态。面对这样的尴尬和自嘲，我们着实不能抱以“敝帚自珍”或“掩耳盗铃”的逃避态度，而应怀揣对教育学的挚爱、责任和期待，于对教育学的深层次改造中努力提高其学科存在感与荣誉感。

那么，我们又当如何完成对教育学的改造呢？对于这一问题，学术界的观点各异，但综合来看，主要可归结为两大思路：其一，我们应完成教育学的现代性，力争使教育学成为一门科学，即要规范教育学的研究对象，澄清教育学的基本概念，架构教育学的逻辑体系，寻求教育理论的一般性、确定性和系统性，使教育学担负起对教育发展规律的“说明任务”；[①]其二，我们应实现教育学的后现代关照，即要追求研究的多样化、结论的多元化、方法的定性化，否定教育理论的一般性，否定超越具体境域的教育规律，排斥科学化，排斥对事物本质的探寻。上述两条思路对各自立场的辩护都有其合理之处，但对教育学到底应坚持现代性抑或走向后现代性的考量，绝不应抱有非黑即白、非对即错的武断态度，而要结合学科的实际状况，采用全面、动态、辩证思维方式对其发展路向做出理性选择。

无论现代性还是后现代性都可能是合理和必要的，但谁更能解决制约当前教育学发展的主要矛盾，谁更加契合教育学建构的时代主题，谁便应成为我们在这一时代教育学学科建设中需要秉持的主导思想。而透过上面的分析，我们已不难发现，导致当代教育学尤其是中国当代教育学备受质疑的原因，实则并非像后现代主义者设想的那样，是因为教育学建设过程中理性成分和科学成分的过于强大。恰恰相反，正是由于二者的匮乏，方才引起今日教育学发展的举

---

① 陈元晖先生在《中国教育学 70 年》中指出，尽管有不少学者“不承认教育学是一门科学”，但“我有信心，教育学不仅不会从科学史上消失，还会发展壮大，成为一门与物理学并驾齐驱的学问”，这是因为“有人类就有教育，有教育就有教育理论，有教育理论就有教育学。养牛羊马有畜牧学，难道对人类本身的培养和教育的大事就不能成‘学’”，“今后的教育的历史会怎样发展呢？又如何去说明它的发展规律，教育学和教育学历史应该担负这一‘说明’任务”（详见陈元晖．中国教育学史遗稿［M］．北京：北京师范大学出版社，2001：68.）。

步维艰。所以，学界当前对教育学的学科建设尽管需要吸收和借鉴后现代思潮的部分观点，但应继续坚持以现代性为基本价值取向，以科学化为主要路径，在对教育学逻辑体系、内容框架、研究方法以及陈述话语等方面的完善中建立兼具合情性和合理性的“科学教育学”。

“仅一般地说教育学是关于教育的科学，这是远远不够的。问题的关键在于教育学内容是否科学，是否是科学化的教育学”。[①] 教育学的科学化和“科学教育学”的建构需要教育学知识的科学化。教育学知识是人们对教育实践活动的抽象概括以及对教育学自身的认识与理解，既包括了教育学的元知识，还包括对教育知识进一步抽象基础上获得的认识。在应然的意义上，教育学知识应具有较高程度的科学化、系统化和学理化，它不仅要做到理论本身的逻辑自洽性，也要为教育实践提供指导和说明。笔者之所以采用教育学知识的科学化作为教育学科学化的切入点，是因为教育学科学化的实现尽管是一个复杂的过程，但作为建构教育学的基本单位和知识要素，教育学知识的科学化却是教育学科学化诸多维度中最为基础的一环：教育学的内容经由教育学知识汇总而成，先有零散的教育学知识才能有体系化程度较高的教育学，不同教育学知识间的互有联系进一步构成了教育学的逻辑体系。教育学知识的科学化会从根本上推动整个教育学学科内容的科学化，从而建构出富有理论生命力和实践指导力的“科学教育学”。因此，教育学的科学化有赖于教育学知识的科学化，教育学的科学化进程也必须以教育学知识的科学化进程为前提，通过推进教育学知识这一教育学微观要素的科学化，有利于以点带面，由小及大，从知识内容的完善延伸至学科体系的完善。这显然是消解教育学发展现实困境、提高教育学科学化程度的重要路径。

正是基于教育学科学化现状的背景和思考，加之对教育学学科命运、教育学学术自尊的深切关注，笔者选择了这一题目作为研究方向。笔者希望通过对教育学知识以及教育学知识科学化内涵的分别澄清，明晰教育学知识的概念、功能以及教育学知识科学化的主要维度，并在现代性与后现代的比较中探究教育学知识科学化的价值，进而针对当前教育学知识生产的现实状况，阐释教育学知识科学化的前提、方法以及教育学知识的科学化陈述等学科建设的基本问题，以期在完善教育学知识相关理论的同时，推动教育学的科学化进程。

---

① 石佩臣．教育学基础理论［M］．长春：东北师范大学出版社，1996：9.

（二）研究意义

本书是一项针对教育学学科建设的反思性研究。受限于题目自身的性质，书中无论是对教育学知识相关概念的界定、教育学知识科学化基本维度的描述，还是对教育学知识科学化的前提、方法论以及应然陈述方式的澄清，都无意过多与教育实践产生直接联系。因此，本书的研究意义集中体现在推动教育学学科发展和完善教育学理论体系方面，主要体现为以下三点：

其一，有益于教育学科学化研究视域的拓展。如前所述，教育学科学化是一个复杂的过程，它涉及了教育学学科内部多个不同维度和层面的科学化。就已有的文献来看，当前，教育学科学化的研究热点突出地表现为学界关于教育学是“人文科学”还是“人文学科”的论争。尽管该论争对明确教育学的学科性质大有裨益，但与此同时，我们却相对忽视了对教育学科学化的具体内容及教育学科学化的实现路径等问题的探究。教育学知识科学化虽然仅仅是教育学科学化中的一个维度，但作为建构教育学的基本单位和知识要素，以教育学知识的科学化为切入点来研究教育学的科学化，不仅会起到以点带面、以小见大的效果，还可以在明晰教育学知识科学化之余，使学界对教育学科学化的研究不再踯躅于对学科性质的纷争，推动研究热点向教育学科学化具体内容的转移。

其二，有益于对教育学知识科学化形成清晰认识。“知识与教育”一直是教育学研究的主要领域之一，近年来，随着知识型、学科教学知识、教学情境知识等学术概念的引入，教育学界对“知识”的研究又进入到了一个高峰期。然而，在上述知识概念得到极大关注的同时，教育学知识这一教育学学科的专属知识领域却显得“门可罗雀”。教育学的科学化需要教育学知识的科学化，为了推动教育学科学化程度的提高，我们必须改变教育学知识研究的现实状态。在本书中，笔者一方面将综合运用训诂学的方法，从知识的分化谈起，依次探究教育知识以及教育学知识的概念与功能，并在对科学化基本维度进行梳理的基础上，分析教育学知识科学化的主要内容及其限度，另一方面将依照教育学知识“从何而来—何以形成—何以表达”的思路，逐一澄清教育学知识科学化的前提、方法论以及如何展开对教育学知识的科学化陈述，从而在理论上为人们带来有关教育学知识生产和教育学知识的科学化的清晰认识，为后续的教育学学科科学化的相关研究做好理论准备。

其三，有益于教育学学科基本问题的澄清。作为一门学科，至少需要有明确而独特的研究对象，恰当而丰富的研究方法，准确而严谨的陈述语言。显然，已有近400年发展历史的教育学并没有达到这样的标准。然而，即便教育学面临如此窘境，我们依然没有对教育学的研究对象、研究方法、陈述语言等事关教育学存在合法性的学科基本问题给出比较明确的解读。这或许是教育学尽管理论多多、著作多多，但学术声誉、学科地位却始终未能提高的重要原因。为此，本书将通过对教育学知识科学化的理性审视，对存有争议的教育学的学科研究对象是什么、教育学有无独特的学科研究方法、教育学当如何陈述等问题给出尝试性的回答。

二、研究的主要问题

本书将循着“教育学知识科学化是什么”、“教育学知识为什么科学化”、“教育学知识科学化何以实现”的思路，拟以现代性为立论基础，从知识的分化谈起，并通过与教育知识的比对，剖析教育学知识的概念、功能，以及教育学知识科学化的主要内容及限度，使教育学知识科学化的相关理论得到澄清，进而基于现代性与后现代性“二论相争”的历史背景，分析教育学知识生产坚持以现代性为导向、以科学化为途径的必要性与合理性。在对教育学知识科学化的前提、方法论及其科学化陈述进行理性审视的基础上，阐明何为教育学的研究对象，何为适合教育学的研究方法，教育学当如何陈述等关涉教育学“安身立命之本”的学科基本问题，以期进一步深化对教育学的“元思考”，为我国教育学知识生产的科学化起到抛砖引玉的效用。本书的研究内容主要包括以下几个方面：

（一）教育学知识科学化的内涵

“是什么”是我们进行任何科学研究都无法回避的问题。只有辨析教育知识和教育学知识的关系，明确教育学知识的概念、特征，明确教育学知识科学化的内涵、限度、外在表征，才能分析教育学知识科学化的历史演进和教育学科学化的实然路径，因此，对教育学知识科学化理论内涵的澄清构成了本研究得以开展的前提。在书中，笔者将立足于前人已有的研究成果，以训诂学的方法为主，从对知识的分化谈起，分析知识的构成、教育知识的概念，并在对教育知识和教育学知识的类比中澄清何谓教育学知识以及教育学知识的功能。之后，笔者还会分析科学化的含义和它的基本维度，并以此归纳出教育学知识科学化的主要内容。

（二）教育学知识科学化的价值诉求

名正方能言顺，事物存在的合理性往往需要以其价值属性为依据。当前理论界就教育学的学科建设大体形成了两种思路：一种坚持现代性，延续自近代以来诸多教育学研究者一直在为之奋斗的科学化的知识生产方式；一种是转向后现代，将自20世纪60年代兴起的后现代思想引入教育学研究当中，开辟旨在消解现代性，且具有浪漫主义色彩和个人主义情怀的多元化的知识生产方式。虽然后现代所提倡的教育学知识生产方式不失为对教育学知识科学化的有益补充，但就我国教育学发展的实际状况来看，选择以现代性导向的教育学知识的科学化道路显然更加合理。然而，这样的论断在被证明之前还只能算作是一个停留于或然性层面的推论，而要使其具有公信力，就必须对教育学知识科学化的时代价值予以澄清。为此，笔者将从教育学学科建设的现实状况出发，分析现代性与后现代性各自的优缺利弊，进而证明现代性引导下的教育学知识科学化对当前教育学学科的发展确有其价值，以期为教育学知识科学化"正名"。

（三）教育学知识科学化的前提

"研究什么"是任何学科在建构自身理论体系时都必须首先予以回答的问题，教育学亦不例外。确定教育学的研究对象是教育学知识生产的起点，而形成独特的研究对象则是教育学知识科学化的前提。按常理而言，作为一门有着长时间发展历史的学科，自当有清晰、独特的研究对象，但事实却不尽然：理论界非但没有就教育学的研究对象形成公论，反而在这一问题的认识上仍然存在比较大的分歧。当前，国内学者对教育学研究对象的认识主要有四类，分别是"教育学的研究对象是教育"、"教育学的研究对象是教育现象及规律"、"教育学的研究对象是教育现象"、"教育学的研究对象是教育问题"。以上四类"对象"，虽然各有其合理之处，但作为一个学科的研究对象，必然是确定、唯一和独特的。所以，我们有必要将一个符合教育学学科特点的"对象"从四类对象观中挑选出来。在本书中，笔者将从对国内学者有关教育学研究对象的讨论谈起，依次分析教育事实、教育问题、教育现象、教育规律各自的含义和特点，并结合教育学研究对象的标准论证教育现象作为教育学研究对象的合理性。

（四）教育学知识科学化的方法论

教育学知识是研究者针对研究对象借助一定方法产出的，故而，教育学知识的科学化势必需要以教育学研究方法的科学化为保障。当前，学界对教育学研究方法讨论的焦点主要集中在教育学需不需要独特的研究方法、教育学该选择怎样的研究方法、教育学该不该有如此多样的研究方法等方面。为此，在本书中，笔者在教育学的历史沿革中梳理出不同时期教育学知识生产采用的主要方法论，并在此基础上，分析教育学知识生产是否存在以及是否需要存在专属的方法论，进而针对后现代“怎么都行”的方法论倾向，以及结合教育学研究的“问题意识”，澄清教育学研究方法论“多元”发展的合理性以及“一元”选择标准的必要性。

（五）教育学知识的科学化陈述

语言是我们表达思想的工具，语言陈述的准确性在很大程度上影响着我们对思想理解的准确性。教育学知识是在一系列专业性的概念和命题基础之上建构起来的一种学理性很强的知识，对它的陈述必然不能随意为之。在本书中，笔者将以具体的教育学知识为个案，从教育学知识的陈述主体、教育学知识的陈述内容、教育学知识陈述方式来论证如何使教育学知识的陈述更加专业和准确。

三、研究进展与评价

教育学的科学化可以被视作教育学学科力求成为教育科学的阶段性结果和全部发展过程的统一，它必须在对教育学既有成果（包括历史的和现在的）的不断扬弃中方能实现。故而，对教育学知识科学化已有文献的梳理与反思就显得尤为必要。

（一）研究现状

知识存在于主体意识和客观实在的关系之中，是人类关于客观世界的理性认识和抽象总结，具有相对的客观性和确定性。尽管源自人类感性化的实践经验，但科学化的知识却是历经理性思考和实践检验过程的产物，能够揭示出事物间内在的、本质的、必然的联系，进而为我们深入认识并积极改造客观世界，将“自在的自然”逐步改造为“人化的自然”提供了思想和方法上的指导。与之对应，教育学知识是我们认识和改造教育这一客观世界的认知结果与实践条件，它不仅有别于感性化、差别化的教育经验，也部分有别于植根实践、服务实践的教育知识，是抽象化的教育经验和学科化的教育知识的综合体。

由于教育学知识科学化由教育学知识和科学化两个核心词汇共同构成，因此，对这一领域研究现状的把握就有必要依从教育学知识和教育学科学化这两条线索展开。就前者而言，通过对相关论文及著作的收集整理可知，尽管“知识”一直是国内外教育研究的基本问题和热点论域，但理论界对教育学知识的研究尚处于起步阶段，教育学知识的概念、特征、功能以及教育学知识和教育学、教育知识、教育经验间的关系都需要进一步澄清。就后者而言，理论界对教育学科学化的研究从 20 世纪 90 年代初便已有之，其焦点大多集中教育学学科性质的归属，以此为出发点，学者们对教育学是否是一门科学、能否科学化、科学化如何实现等问题展开了争论。尽管这一研究领域的成果可观，但以教育学知识科学化这一微观知识要素作为“教育学学科性质之辩”切入点的还比较少见。总体来看，透过教育学知识科学化研究教育学科学化，为将教育学知识作为一个专有的论题进行深入分析，对教育学学科发展是必要的，亦有极大研究空间。现将已有文献研究的有关问题、研究视角及主要观点等按照发表时间顺序进行归纳整理，分类述评。

1. 对教育学知识概念的认识

了解教育学知识，必首先叩问何谓知识。知识，在 1996 年版的《现代汉语词典（修订版）》中共给出两层含义，即“人们在改造客观世界的实践中所获得的认识和经验的总和”或“有关学术文化的”。[①] 在《牛津英汉高阶双解词典（第6版）》中，汉语“知识”对应的“Knowledge”也有两层含义，分别是“the information，understanding and skills that you gain through education or experience”（通过教育或实践得到的信息、认知和技术）和“the state of knowing about a particular fact or situation”（了解某种事实和情境的状态）。[②] 此外，国际经济合作与发展组织（OECD）在 1996 年出台的《以知识为基础的经济》报告中，将知识定义为 4 项内容，即：知道是什么的知识（Know-what）、知道为什么的

① 现代汉语词典（修订版）[Z]. 北京：商务印书馆，1999：1612.

② 牛津高阶英汉双解词典（第六版）[Z]. 北京：商务印书馆，2004：971.

知识（Know-why）、知道怎么样做的知识（Know-how）以及知道是谁的知识（Know-who）。

知识可以按照不同标准划分为不同类型，夏先良在其博士论文《知识论——知识产权、知识贸易和经济发展》中，将知识做了分类，分别是：按照哲学上关于知识的分类，知识可被划分为真理知识、美感知识和善德知识；按照知识的获得途径，知识可被划分为经验知识和理论知识；按照知识的传输性质，知识可被划分为会意知识和编码知识；按照管理需要，知识可被划分为基础知识和应用知识。①

石中英在其专著《知识转型与教育改革》中虽未对“知识”给出明确的界定，但却提及知识的概念问题远不是要给知识下一个简单的定义，它关涉到其他复杂而重要的认识论问题，如起源问题、标准问题、性质问题甚至发展问题，等等。在西方哲学史上，对知识概念的共识其实并不多见，由此，“什么是知识”的问题也是一个开放性的问题，不可能一劳永逸地加以解决。石中英在书中引入了“知识型”的概念，将人们对知识概念回答所涉及到“知识与认识者的关系”、“知识与认识对象的关系”、“知识作为一种陈述本身的逻辑问题”、“知识与社会的关系问题”统摄其中，指出“知识型”（form of knowledge）是“知识的模型”（model of knowledge）或“知识的范式”（paradigm of knowledge），是一个时期所有知识生产、辩护、传播与应用的标准，具有规范性、共同性、历史性、先验性、文化性的特征。②

郭军、吴原在《从教育知识到教育学知识》中区分了教育知识和教育学知识的差异，认为：教育知识为教育工作者提供可供参照的行动方案，具有经验性和操作性，是一种实践知识，属形而下；教育学知识以价值观的引领为主要参照系，具有论理性、抽象性的特点，是实践哲学的理论范畴，属形而上。同时，他们明确指出，教育学知识超越了教育知识的盲目与随意，但它并不是一种即学即用的知识，也不是一种客观的用以操作性的知识，它是一种提供给我们一种思路和思维方式的知识，其指向于认识论层面，学习教育学知识在于告诉我们为什么要研究教育学及我们应当如何来看待教育及教育学，提供的是一

① 夏先良．知识论——知识产权、知识贸易和经济发展［D］：［博士学位论文］．北京：中国社会科学院，2000.

② 石中英．知识转型与教育改革［M］．教育科学出版社，2001：11-12.

种指导性的思路，而非某个具体教育问题的解决办法。[1]

申卫革在其博士学位论文《后现代知识型观照下教育学知识的实践转向》提出，教育学知识是指作为知识存在的教育学，也就是所有通过教育学术研究所获得的知识或者说是所有构成教育之学的知识。他进一步指出，首先，教育学知识是构成教育学的知识，是作为知识形态存在的教育学，而不仅仅是“关于”教育学的知识，“关于”教育学的知识属于教育学认识论的范畴，且涵盖在教育学知识的范围之中。其次，教育知识是对教育活动过程研究的成果，它构成教育学的内容，成为教育学知识结构的组成部分，所以教育知识也涵盖在教育学知识之中。[2]

郭军在《教育学知识的品性与旨趣》中指出，教育学知识是我们多年以来对学科发展与批判的理性思索所沉淀下来的一种思维的方式和学科的视角，是区别于教育实践层面而言的“教育知识”，具有两个不同位面上不同的伦理认识，它可被视为教育学成学之后的一种对教育理论的思维方式和实践的标准，既不是教条式的教育经验总结，亦不只是简单地对其他学科理论与方法的吸收和利用，而是以教育特有的话语对教育学生存价值的思考，是对教育内在价值和教育学活动能力的意义探寻和内涵的不断拓展与挖掘，有源于实践又超越实践和来自生活又回归生活的品性。[3]

2. 对教育学（知识）性质的认识

就笔者掌握的资料来看，尽管国内外学者专门针对教育学知识性质的相关研究还并不多见，但对教育学的性质却有着较为深入的探讨。而作为教育学的知识要素，教育学的学科性质必然限定着教育学知识的发展路向，如认定教育学是一门科学或正在成为科学的学科，教育学知识的建构便需始终面向现代性，坚持科学化价值取向；如认定教育学不是一门科学，教育学知识的建构就可能需要借鉴后现代的基本主张，走非科学化的道路。因此，教育学学科性质的认识与我们对教育学知识是否应该科学化、能否实现科学化的判断息息相关，对教育学性质相关研究的梳理对明确教育学知识的性质便显得尤为必要。

学界关于教育学学科性质的争论实则由来已久。以西方观之，在教育学初创阶段，赫尔巴特便希望借助坚实的理论基础和丰富的教育经验将教育学打造

---

① 郭军，吴原．从教育知识到教育学知识［J］．宁波广播电视大学学报，2007，（12）：87-90.

② 申卫革．后现代知识型观照下教育学知识的实践转向［D］：［博士学位论文］．西安：陕西师范大学，2007.

③ 郭军．教育学知识的品性与旨趣［J］．教育学术月刊，2009，（3）：24-26.

成一门科学，他认为“教育学是教育者自身所需要的一门科学”，[①] 而且一名合格的教育者不仅要掌握建立于伦理学和心理学基础之上的教育学，还应“掌握传播知识的科学”。进入19世纪，受实证主义的影响，“科学化”成了教育学发展的时代主题，孔德、斯宾塞、孔佩雷为此付出了诸多努力。至19世纪末，以梅伊曼、拉伊等人创建的实验教育学将实证主义主导的科学化推上了顶峰，梅伊曼主张将“实验”、“观察”等实证研究的方式引入教育学研究中，从而使教育学成为一门建立于自然科学基础之上的严密科学。与上述主张相对，产生于20世纪初的文化教育学虽然同样以理性主义哲学为指导，但却未继续着眼于建立系统化、抽象化的教育学，转而追求“行动的教育学，而不是思维的教育学，是规范的教育学，而不是理解、说明的教育学”，注重教育学研究的文化性、价值性。

至20世纪中叶，奥康纳和赫斯特就“教育学是科学理论还是实践理论”进行了深入地探讨。奥康纳认为，应严格使用“理论”一词，“从理论这个词最严格的意义上看，一种理论乃是一个确立了的假设，或者，更常见一些，乃是一组逻辑地联系着的假设，这种假设的主要功能在于解释它们的题材”，因此，传统教育学还不配称“理论”。为了改变这一局面，教育学需要剔除形而上学和价值判断的部分，只有“把心理学或社会学上充分确立了的实验发现应用于教育实践的地方才有根据称得上理论”。[②] 而赫斯特则反对如此窄化地看待“理论”，主张将教育学视为“实践的理论”，即“有关阐述和论证一系列实践活动的行动准则的理论”。[③] 比较而言，奥康纳否定了教育学价值性的一面，认为教育学应按照实证主义的范式，获得“理性的知识”。而赫尔特则对教育学中的形而上学和价值判断成分采取了宽容的态度，认为教育学是在实践中且为了实践而存在的理论，是“理性的行动”。

著名的元教育学家布雷岑卡鉴于教育学规范性和经验性难以调和的事实，认为：“教育学不再是一门能完成规范性——经验性（或实践性——科学性）两方面任务的不恰当的大一统的学科”，[④] 为此，他主张将教育学分化为三个部

---

① ［德］赫尔巴特．普通教育学·教育学讲授纲要［M］．李其龙译．人民教育出版社，1989：11-12.

② 奥康纳．教育理论是什么．教育与教育学［C］．瞿葆奎主编．人民教育出版社，1993：467.

③ 赫斯特．教育理论．教育与教育学［C］．瞿葆奎主编．人民教育出版社，1993：441.

④ W.Brezinka，Meta-Theory of Education：European Contributions from an Emprical-Analylical Point of View，in J.E.Christensen（ed.），Persepectives on Education as Educology，1981：18.

分，即教育科学、教育哲学以及实践教育学，三者各自具有不同的功能属性，其中，教育科学探求教育活动的一般规律，教育哲学探求教育活动的价值规范，实践教育学探究从事教育活动的方法。此外，布雷岑卡还认为："教育学的科学性就在于试图获得对过去与现在的教育现象的科学的认识，来探索如何解决教育问题，并用一套科学上精确和可证实或可证伪的语言来陈述它"，而"教育科学最重要的是关于教育行动成功的条件的知识、失败原因的知识和关于其行动的未曾预料到的负面效果和行动结果的知识"，故而，"教育科学不是一种单纯对事实进行描述的科学，而是一种以目的——原因——分析为取向的科学"。[①]布雷岑卡对教育学一分为三的划分方法，跳出了以往学者们对教育学性质认识的非此即彼的单一状态，使教育学这一大的学科门类可以根据其研究对象和功能属性产生不同的性质，是对当代教育理论的一大贡献。

相对于国外，国内针对教育学学科本身的"元认知"起步较晚，成果的丰富性和原创性还较为有限。尽管在20世纪80年代至90年代，学者们在引入大量国外相关研究成果的基础上曾对教育学学科的性质进行过热烈讨论，但迄今仍未得出确定结论。

胡德海先生在《教育学概念和教育学体系问题》一文中主张，"教育学是教育科学的简称"，"二者是同一的概念，是二而一的关系"，"教育学是人类社会一切教育现象的理论形式，也就是人们研究教育现象和各种教育规律的各门教育科学的总称。它在今天已是一个由各门学科组成的学科群，而决不止一门学科。"[②]

范国睿在《从本世纪初教育学的分化看教育学的理论性质》中遵循着历史的线索，对20世纪初以来教育学的学科分化现象进行了梳理，并在其中借用了布雷岑卡"三分法"的思路，认为教育学应走分化之路，或分成三门不同的学科，或至少分成三个不同的部分——哲学教育学（教育哲学）、科学教育学（教育科学）和实践教育学（或实用教育学、应用教育学）。哲学教育学所阐述的是教育活动中所产生的有关价值和规范等问题，科学教育学则主要对教育现象、教育过程等教育事实做出客观的描述和阐释，并以此揭示教育基本规律，实践教育学的主要任务是告诉未来的教师"怎样教"。[③]

---

① 彭正梅．价值中立与价值灌输：布雷钦卡教育学思想研究［J］．教育学报，2009，(5)：42-48.

② 胡德海．教育学概念和教育学体系问题［J］．教育研究，1990，(3)：46-48.

③ 范国睿．从本世纪初教育学的分化看教育学的理论性质［J］．教育理论与实践，1991，(3)：2-6.

陆跃峰在《从“教育学（Pedagogy）”到“教育科学（Education Science）”——论教育学科的体系特点及其发展》中从教育学科的发展史出发，分析了教育学从早期的“Pedagogy”到当代“Education Science”演变，他指出，教育学（Pedagogy）的基本含义为“教学法”或“教育技术的理论”，它具有思辨性和个体性的特征，而受实证主义影响的教育科学（Education Science）的研究对象却不再是“如何教育”的问题，而应该是“什么是教育”的问题，而类比自然科学研究，他将教育学科类似地分为教育哲学、教育科学和教育技术三个研究层次。①

冯建军在《教育学是科学吗？》借鉴了布雷岑卡的教育学三分模式，按照“理论——实践维度”（区分什么是教育和怎样教育）将教育学首先划分为了理论教育学和实践教育学，又按照“事实—价值（科学—规范）”维度（区分教育是什么与应该是什么）将理论教育学分为科学教育学和哲学教育学，将实践教育学分为技术教育学和规范教育学。②

杜时忠在《教育学要走出“唯科学”的迷途——对科学主义教育思潮的批判》认为，造成今日教育学研究“表面繁荣、实质空虚”的原因，排除社会政治、经济以及意识形态等外在因素之外，最重要者就是教育学长期以来陷入了“唯科学”的迷途之中，主要表现在：第一，在教育学的学科性质上，用“科学”来诠释教育学；第二，在教育研究上，以成熟的自然科学为效法的榜样，以精确、定量、客观为目标；第三，认为丰富的教育实践活动可以简约化；第四，将班级管理建立在学生成绩分等的基础上。科学主义作为一种哲学思潮，其精神气质主要表现在物化原则、求真、批判和革新、求取证明这四个方面，由其主导的科学主义的错误可被归为将教育学等同于教育科学，将教育研究等同于教育科学研究，认为科学是教育的唯一决定根据，因此，教育学建设必须走出“唯科学”的迷途。③

郭元祥先生在《关于教育学研究的科学性的若干问题思考——兼析对教育学研究现状的评价》中指出，教育学是一门科学，但它有自己的科学观和追

① 陆跃峰．从“教育学（Pedagogy）”到“教育科学（Education Science）”——论教育学科的体系特点及其发展［J］．华中理工大学学报（社会科学版），1993，(2)：77-81.

② 冯建军．教育学是科学吗？［J］．上海教育科研，1994，(11)：40-41.

③ 杜时忠．教育学要走出“唯科学”的迷途——对科学主义教育思潮的批判［J］．华中师范大学学报（哲社版），1996，(2)：79-84.

求的科学目标，并非像自然科学那样是一门纯科学。他批判了教育学研究中科学主义的科学观和功利主义的科学观，指出“教育学作为一门社会科学，要揭示教育规律，是以教育这种社会活动及其问题为研究对象的。教育学研究的科学性不能通过对教育事实的必然因果关系、客观性、确定性的终极描述和解释来体现，而需要通过对教育活动的意义性、合理性的理解与寻求来体现”，同时，教育学研究不应割裂事实判断和价值判断，“要保证教育研究的客观性和科学性，问题的实质并不在于事实判断完全排除价值判断的因素，或者为了避免主观偏见而幻想某种‘价值中立’，而在于如何保证价值判断的客观性和合理性。”①

刘庆昌在《论教育学的性质》中指出，教育学作为专致于教育研究的学科，其性质是由教育现象和教育问题的特点以及研究教育的方法决定的：体悟、总结赋予教育学经验性质；反思、批判赋予教育学哲学性质；实证、实验赋予教育学科学性质；价值沉思赋予教育学文化性质。所以，教育学的性质是多重的，我们不可以断然认为教育学是教育科学、是教育哲学、是教育经验、是教育文化。在今天，我们应暂时接受一个非体系的教育学阶段，没有必要去费力构建一个单数的教育学体系。②

劳凯声先生在《中国教育学研究的问题转向——20 世纪 80 年代以来教育学发展的新生长点》中并不认同将教育学科学化的观点，他认为教育学的问题既不单纯是逻辑实证的问题，也不单纯是语义分析的问题，而首先是历史观、价值观的问题，是社会批判和文化批判所依据、所坚守的理想与信念的问题。就此而言，教育学并不是严格意义上的一门科学，而是一个专门化的研究领域，或者更确切地说，教育学既是一门科学，又是一个专门化的研究领域。强调教育学不是一门严格意义上的科学，其实并没有降低它的地位，相反地，这样一种定位提升了具有人文特质的教育学在学术领域中的地位。因为科学即使可能为我们提供教育目的和手段所依据的许多事实细节，但它还是不能代替我们做出决定。③

---

① 郭元祥 . 关于教育学研究的科学性的若干问题思考——兼析对教育学研究现状的评价［J］. 华中师范大学学报（哲学社会科学版），1997，（1）：70–73.

② 刘庆昌 . 论教育学的性质［J］. 山西大学师范学院学报，2002，（1）：72–76.

③ 劳凯声 . 中国教育学研究的问题转向——20 世纪 80 年代以来教育学发展的新生长点［J］. 教育研究，2004，（4）：17–21.

郑金洲认为，教育学主要是一门应用学科，其许多问题甚至是根本性问题都可还原为哲学问题、心理学问题、社会学问题等，而教育理论在本质上是实践理性的产物，它与政治学、伦理学等一样，只是负责为现实的某种活动提供规范的秩序，它理应被纳入“实践哲学”的范畴，所以，教育学的知识构成表明，教育学研究只有直面社会现实生活才会具有旺盛的生命力。[①]

文雪、刘剑玲在《教育学在什么意义上不是科学》中从科学的划界、教育学与科学在某些研究基础上的不同表现，说明教育学和科学是对世界的不同的解释域，因此，教育学没有必要也不可能完全科学化，同时，鉴于科学主义对科学的盲目夸大，教育学尽管需要科学精神，但决不能陷入科学主义。[②]

程亮在《教育学：科学抑或艺术》一文中从对“教育学”词源的分析开始，按照“教育学是艺术不是科学”、“教育学是科学不是艺术”、“教育学介于科学与艺术之间”、“教育学是自由运用科学的艺术”、“教育学既是科学又是艺术”、“教育学是过去的艺术，现在的科学”等维度系统回顾了教育学史上有关教育学是“科学”抑或“艺术”的争论。他指出，教育学是“科学”还是“艺术”的对峙，实质上是两种学术立场和探究方式的交锋，“科学”取向试图发现事实性或规律性的教育知识，寻求理论或认识上的确定性；“艺术”取向试图建立规则性或技术性的教育知识，寻求实践或行动上的确定性。[③]

齐梅、柳海民在《教育学原理学科的科学性质与基本问题》中并没有对整个教育学学科的性质泛泛而谈，而是专门论及了教育学原理这一学科的性质。他们认为，教育学原理属于原理理论，即通过经验世界本身来确立新的基本假设，运用分析的方法揭示出现象的普遍特征，它是建立于原理（原则）基础之上的演绎推理体系。同时，教育学原理是基础研究学科，是所有教育学分支学科的基础。[④]

王建华在《教育之学——超越人文科学与社会科学》中一针见血地指出，教育学之所以难以科学化的一个重要原因，即“长期以来，教育学没有成为真正的教育之学而一直局限于教学之学。由于在师资培训方面的特殊要求，使得教育学历史性地成为了关注‘教什么、怎样教’的学问或艺术，即作为一门师

① 郑金洲．中国教育学研究的问题与改进路向［J］．教育研究，2005，（11）：24.

② 文雪，刘剑玲．教育学在什么意义上不是科学［J］．教育理论与实践，2004，（4）：6-9.

③ 程亮．教育学属于人文科学［J］．教育研究，2011，（8）：3-9.

④ 齐梅，柳海民．教育学原理学科的科学性质与基本问题［J］．教育研究，2006，（2）：28-32.

资培训课程的教育学（教学之学），而始终未能发展成为关注‘教育是什么’的学术性学科，即作为教育基本理论的教育学（教育之学）”。王建华认为，教育学不应简单地依附于自然科学、社会科学或人文科学，在学科性质上，它应努力超越人文科学与社会科学两分法，整合二者的学科优势，通过学科开放、科际整合与视野融合，最终成为一门综合性学科。①

和国内学者直接讨论教育学的学科性质有所不同，黄志成在《教育研究中的两大范式比较：“日尔曼式教育学”与“盎格鲁式教育科学”》中从教育学（Pedagogy）和教育科学（Educational Sciences）起源探究了二者间的区别。黄志成认为，“教育学”和“教育科学”是两种不同的研究范式，其中，“教育学”是建立在德国现代哲学基础上的一门学科，是由赫尔巴特的思想发展而形成的一门学科；“教育科学”发源于美国，其目的在于解决某一确定的问题，并提供个案或很具体的教育知识。②

张楚廷在《教育学属于人文科学》中首先分析了人文科学的含义和意义，认为人文科学明显地与自然科学、社会科学相区别。此外，作者认为，教育学是研究教育的学问，教育学研究许多问题，最为基础的就是“什么是教育”，而“什么是教育”的问题又可归结为“什么是人”的问题。因而，在很大程度上，可以说教育学就是人学，其生命力直接源于人的生命力。③

3. 教育学知识的分类

马凤岐在《教育实践的特性与教育学的科学化》中指出，由于教育实践是复杂多样的，而教育学又要因此采用多种方法进行研究，这便导致了教育学知识的多样性，它主要有三种：第一种是社会科学形态的知识，主要包括关于教育作为一种社会实践与其他社会实践之间关系的知识，教育实践活动本身的规律，以及教育管理的一些知识；第二种是心理学形态的知识，主要包括关于课程编制和教学实践的原理与方法的知识；第三种是哲学形态的知识，主要解决教育实践中的价值观问题。④

---

① 王建华. 教育之学——超越人文科学与社会科学［J］. 中国教育学刊，2006，（9）：1–4.

② 黄志成. 教育研究中的两大范式比较：“日尔曼式教育学”与“盎格鲁式教育科学”［J］. 教育学报，2007，（2）：3–9.

③ 张楚廷. 教育学属于人文科学［J］. 教育研究，2011，（8）：3–8.

④ 马凤岐. 教育实践的特性与教育学的科学化［J］. 教育研究，2009，（11）：37.

4. 教育学知识的限度

国内学者对教育学知识限度发起研究的仅徐继存一人。他在《教育学知识的限度及其意义》中指出，教育学是一门高度实践性的学科，它并不只是由一些普遍性的概念、命题和判断构成，而是需要大量的“实践理性”和“技艺”，需要许多难以言表、难以交流和共享的知识。教育学既是一种可以言说的知识，一套自恰、不矛盾的命题，一套可以演绎成篇的逻辑，也很可能是教育学研究者种种认识迷误叠加的结果。相对于复杂的教育实践，教育学知识永远是不足的，教育学研究者个体所拥有的教育学知识是极其有限的，甚至可以说是无知的。因此，教育学研究者要认识到自己只是“建议者”，而不是“决策者”。恪守这一界限，不仅有利于削减试图用理性的教育学知识改造和影响教育的致命的自负，克服唯理性主义的迷误，葆有对教育的一份敬畏和谦卑之心，也有助于教育学者自觉地养成一种民主的生活方式。①

5. 教育学（知识）科学化的内涵

程亮在《教育学的“理论——实践”观》中指出，从历史的视角来看，教育学的“科学化”，实质上是“哲学—思辨”教育学向“科学—实证”教育学的转型，它强调以“科学的”方法研究教育中的经验事实，以“假设—检验”的逻辑探寻教育中的客观规律。程亮在书中特别提到了詹栋梁就教育学科学化概括出的六方面特征：其一，教育学必须具有科学的性质；其二，借助观察和实验来检验教育假设；其三，教育研究采用的是“如果……，那么……”的关系原则；其四，注重教育行为的研究，以经验的事实研究为基础，可以依据实验和观察中所假定的准则，检验其理论与命题；其六，具有可准确描述的价值。②

6. 对推进教育学（知识）科学化路径的认识

埌全在《论教育学的科学基础》中指出，我国教育学教材除了具有缺乏科学依据这一共同致命弱点外，还有一个很大缺点：政治性与政策性的繁琐叙述占了很大篇幅。为了改变这一状况，他建议将普通教育学改写成《教育概论》与《教育科学》两种教材。《教育概论》是通俗读物，可以在现有《教育学》基础上改写，所有难以避免的政治性、政策性和常识性的论述应写进这本书中。《教育科学》则是专业性教科书，其中不应过多出现政治性政策性的描述和解

① 徐继存．教育学知识的限度及其意义［J］．教育学报，2011，(2)：26-31.
② 程亮．教育学的“理论——实践”观［M］．福州：福建教育出版社，2009：37-38.

释，削弱其人文性，加强其自然性，使之原理化和量化，并严格地建立在科学基础上。而这种科学性来自三个方面，即生理学和心理学对人的发展机制和人类学习基本原理的研究、教育实验、统计资料。①

刘振天在《科学体系中的教育学：它的地位和追求》中指出，当前，针对教育学的发展方向，有人主张科学化，有人主张人文化，实际上，这涉及了教育学的科学标准问题：从前只是简单地把自然科学的那一套标准的范式加于教育学，从而指责教育学的不科学，进而严格以自然科学为样板企图建立科学严密的体系，实践证明实行不通，这也正是人文学科兴起并批判科学主义的缘由，但同时也应注意到，人文主义的反科学倾向也同样会使教育学走入歧途。教育学是以教育事实为根据，以规律为对象，以规范、控制和改变对象为任务。所以，教育学应该坚持科学性或者说科学化的道路，只是这里的科学不再是原来的科学主义，而是充分地考虑教育现象的特殊性，即主观性条件下的科学化，如果把教育学仅当成纯粹主观的东西，那样便没有什么规律而言，也就等于取消了教育学。②

张华在《教育学的"合理性"重建：科学哲学的观点》中从对教育学学科性质的探究出发，分析了"合理性"的教育学应秉持怎样的方法论和研究范式。文章首先探讨了教育事实和教育价值间的关系，指出，作为教育学的研究对象，教育价值与教育事实是对立统一的。这种统一表现为教育价值以教育事实为基础，而教育事实本质上又是教育价值主导的事实，所以，教育学的学科性质是价值科学与经验科学的"合金"，价值研究在其中居于主导位置，以此类推，教育学研究的合理方法论应是价值研究为主导的价值研究与事实研究的统一，具体到研究范式上则是价值研究为主导的人文研究范式与科学研究范式的互补。③

郝文武在《教育学的科学化和合理性——论近年来我国关于教育学研究方法的反思》中指出，科学的教育学研究方法和方法论对形成科学的教育学理论有重要作用，建构合理性的教育学理论不仅要研究教育是什么和为什么，也要研究教育应该是什么和怎样办，怎样发展和进行。文章反对将科学化等同于实

---

① 垠全 . 论教育学的科学基础［J］. 教育理论与实践，1985，(3)：6–10.

② 刘振天 . 科学体系中的教育学：它的地位和追求［J］. 教育研究与实验，1998，(3)：14–18.

③ 张华 . 教育学的"合理性"重建：科学哲学的观点［J］. 华东师范大学学报（教育科学版），1996，(4)：40–46.

验化和实证化，也不赞成哲学化和人文化，认为教育学的科学化进程是认识规律和追寻意义，客观反映和主观建构的既一分为二又合二而一的合理性教育学理论的形成过程，是不断解构和建构的过程，所以，要实现教育学的科学化，便需要采用科学实证和哲学人文建构结合的方法，并坚持将社会发展和教育实践作为建构本原和检验标准。①

扈中平在《教育研究必须坚持科学人文主义的方法论》中根据教育活动的特点，分析了教育研究的性质，即教育活动的客观性、必然性和普遍性使教育活动有着自己的特点、逻辑、规则和规律，它并不是杂乱无序、变化无常和无章可循的，这就使教育研究必须具有科学性，必须依靠科学的方法论和技术手段，同时，教育活动的主观性、价值性、难以重复性和复杂性决定了教育研究又需要采用人文主义的研究范式，所以，进行教育学研究必须同时运用科学的方式和人文的方式，坚持科学人文主义的方法论思想。当然，作者也明确提到了，教育研究尽管需要借鉴自然科学的研究方法和思维方式，但切不能走入自然科学化的误区。②

周宗钞、盛群力在《从“科学化”到“消亡”——对教育学的回顾和前瞻》中针对教育学遭受的批评，认为，从长远的眼光看，教育学的学科存在价值在于，关于教育问题的描述和分析只能由教育学来完成，而不是心理学或者是其他学科，但教育学想要获得更好的发展，就要处理好以下几点：首先，教育学应该向科学的方向前进，但是这种科学不是传统意义上所谓的自然科学，它应当是一种基于科学的动态意义上的，而不是一种固定不变的可量化的“中立”的、“客观”的教育学，这种教育学以人文科学为其本质，但有自然科学和社会科学的部分特征；其次，教育学的不断发展和完善，必须有更为广阔的学科基础，不应仅仅局限于心理学或其他的现在正被用于教育学的学科；最后，教育学必须有统一的理论体系和话语体系，包括自身的概念、命题、结构及其自身的学科体系。③

陈振华、徐莉在《中国教育学者何以更好地安身立命》中指出，教育学

---

① 郝文武.教育学的科学化和合理性——论近年来我国关于教育学研究方法的反思［J］.教育研究，2002，(10)：13-18.

② 扈中平.教育研究必须坚持科学人文主义的方法论［J］.教育研究，2003，(3)：13-18.

③ 周宗钞，盛群力.从“科学化”到“消亡”——对教育学的回顾和前瞻［J］.教育理论与实践，2004，(5)：11-12.

的建设应依循一下两条道路：其一，教育学者要对教育理论进行改造，改造后的教育理论应该具简明性、可操作性和启发性，同时在叙述方式上要在不违背教育理论科学性的同时，增加其生动性；其二，教育学者要对教育理论进行创新，为此，教育学者首先要在“古为今用”、“洋为中用”的意识中做好“接着说”的工作，接着要做好“在中国教育中”的工作，最后还做好“从教育学立场出发”以及创新思维方式的工作。①

郑金洲在《中国教育学研究的问题与改进路向》中虽然没有论及教育学应当如何科学化的问题，但他却从教育学的“实践指向性”出发，提出了教育学的未来发展路向，即“在研究对象与目的上，教育学研究必须以研究教育现实问题为己任，彻底改变从概念推演中寻求出路的老套子”，“在研究方法和学风上，教育学研究要坚持以社会现实问题为反思对象，而不是以脱离现实的纯粹概念为对象”，“在研究功能和作用发挥上，教育学研究要具有现实性和超前性，成为教育实践的向导，捍卫理论与实际相统一的马克思主义学风”，“在研究的结果与目标指向上，要以改进教育实践为己任，以教育实践行为的调整、修正为研究的主要对象域和职责。”②

周建梅在《论教育学在中国的科学化建构问题》中提出，狭义的科学概念必定有其局限性。所以，在教育学科学化的问题上，应将科学这一概念外延扩大，使其不仅包括自然科学，同时还包括人文科学，即教育学的科学化不仅是自然科学化，同时还要人文科学化，所以，教育学科学化进程需要做到科学精神与人文精神的融合，科学范式与人文范式的融合，定性研究与定量研究的融合，规范研究与实证研究的融合。③

阎亚军在《中国教育学知识生产方式的反思与重建——从研究者的角度看》中指出，当今中国的教育学知识生产方式主要分为“社会规划导向型”和“他者导向型”，前者意为中国教育学者仅依靠教育行政部门、教育科研管理部门等制定的教育发展和教育科学发展规划而生产知识，后者意为中国教育学者或者从西方教育学，或者从其他学科简单移植、套用或演绎而生产出教育学知识。尽管上述知识生产方式使我们获得了很多教育方面的知识，然而，从长远来看，它却很难使我们获得“教育学”的知识，也很难使教育学获得真正独

---

① 陈振华、徐莉．中国教育学者何以更好地安身立命［J］．教育研究，2005，（7）：21-23.

② 郑金洲．中国教育学研究的问题与改进路向［J］．教育研究，2005（11）：24-25.

③ 周建梅．论教育学在中国的科学化建构问题［J］．湖北教育学院学报，2006，（5）：93-94.

立，为此教育学应实现向科学问题导向型的知识生产方式的转变，即从教育学自身的问题出发、从学科发展的内在逻辑出发科学地研究教育问题。①

周彬在《教育学的出路：目标人性化还是过程理性化》中认为，教育学在对人性的回归中迎来了学科独立，在对理性的张扬中展开了科学建构，但当前的教育学却面临着人性化目标与理性化过程的双向缺失。周彬认为，教育学的未来不可能在绝对理性化的教育过程的依赖中，但也不可能在对人性化教育目标的绝对顺从中，而是来自于两者的对话，并在对话中为彼此设定共同的"最近发展区"。②

张海波、杨兆山在《"教育问题"探析》中虽然没有论及如何推动教育学知识的科学化，但他们对"教育问题"研究中应确立的三种意识对教育学知识的生产颇有启示意义：首先，研究教育问题应确立"教育意识"，即一方面要确立教育学的学术话语体系，另一方面要在借鉴非教育学科的理论研究教育问题时，要从教育学学科的立场对其进行学科间的话语转换；第二，研究教育问题要确立"中国意识"，即一方面要深入研究中国教育传统的接续问题，另一方面，要对外国教育理论进行话语转换；第三，研究教育问题应确立"研究意识"，即要坚持教育实践是教育矛盾的合规律性与合目的性的辩证统一的观点，即坚持辩证唯物主义的实践立场。③

（二）对已有研究成果的总体评价

1. 已有研究的成就及启示

教育学知识是一个新兴的研究领域，不可否认，当前学界在该领域所取得的研究成果还较为有限，但是，无论前人得出了怎样的研究结论，产生了多少原创性的研究成果，他们的研究都构成了笔者从事本项研究的基础。

第一，开拓了元教育学研究的新视域。

知识是教育学研究中一个弥久而新的话题。就目前国内的研究趋势来看。课程论、教学论方向对知识和教育、知识和教师的关注程度要远超于教育基本理论方向。以往元教育学对教育学科学化的研究主要采取宏观讨论的方式，或

---

① 阎亚军．中国教育学知识生产方式的反思与重建——从研究者的角度看［J］．贵州师范大学学报（社会科学版），2008，（6）：109–113.

② 周彬．教育学的出路：目标人性化还是过程理性化［J］．教育学报，2009，（1）：7–8.

③ 张海波，杨兆山．"教育问题"探析［J］．教育研究，2011，（11）：110–111.

囊括的内容较多，切入点模糊不清；或集中在教育学语言、教育学逻辑方面，对教育学知识关注不足。已有研究提出的“教育学知识”概念，为研究教育学科学化寻找到了一个较为微观和具体的切入点，拓宽了研究的视域，为笔者在本书中研究教育学科学化提供了新思路、新方法。

第二，对教育学知识概念的界定为本书提供了深入研究的基点。

对“教育学知识”概念的界定属于教育学研究的“元认识”，它涉及诸多相近或相似的名词，如知识、教育知识、教学知识等，理论研究的难度可想而知。前人对于教育学知识概念的限定虽然不多，也没有形成共识，但这些研究都比较深入，视野也比较开阔，尤其对教育学知识和教育知识的探讨更是深化了笔者对教育学知识的认识，为本书提供了广阔的思维空间和理论支持。

第三，对辨清教育学知识是否需要科学化、能否实现科学化提供了坚实的基础。

如前所述，国内外学者对教育学的学科性质进行了大量卓有成效的讨论，尽管没有得出统一结论，但却大大加深了我们对教育学学科地位、教育学学科功能、教育学学科发展方向的认识，也提供了厚重的教育学学术史材料。前人对教育学学科性质的争论，与教育学是否应走向科学化之路息息相关，笔者通过对这些研究成果的阅读，既认识到了教育学、教育学知识发展的时代困境，也在一定程度上辨明了教育学知识科学化的必要性、可能性以及后现代思潮对教育学知识发展的积极启示，这便为本书的研究指明了思路，提供了坚实基础。

2. 已有研究的不足之处

新生的事物总会存在这样或那样的不足，学者们对教育学知识、教育学知识科学化的研究也是如此。总体而言，除了对教育学知识性质的讨论较为深入以外，对教育学科学化的内涵、教育学科学化的外在表征、教育学科学化的实现路径都还几乎没有涉及。

第一，对教育学知识科学化没有十分明确的界定。

尽管已有研究成果对教育学知识、教育学科学化都有所涉及，但根据笔者掌握的文献资料来看，当前未曾出现针对教育学知识科学化的专门研究，这就导致我们虽然能够大致了解何谓教育学知识，但却对教育学知识科学化的具体内涵、外在表现认识不足，不利于相关研究的开展。

第二，对何谓科学化教育学知识没有系统的研究。

教育学知识科学化的目标在于形成科学化的教育学知识，教育学研究者只有从多个方面完成教育学知识的科学化进程，生产出的教育学知识也才能是科学化的。教育学知识的科学化至少应在研究对象、研究方法、研究语言等几个方面实现科学化，作为每一个独立的部分，已有的研究可能会有所涉及，但作为一个完整的系统，已有研究却很难令人满意。

第三，对如何实现教育学知识科学化的思考还存在不足。

教育学研究应该力争做到解释问题、解决问题。对教育学科学化实然路径的探析便属于解决问题。已有研究成果虽然对如何实现教育学或者教育学知识科学化有所涉及，但总体上还比较薄弱，得出的结论也比较同质化，多为促进人文研究和科学研究相结合、促进科学精神和人文精神相结合这样泛泛而谈的话。笔者认为，对教育学知识科学化何以实现问题的回答应当立足于对中国教育学知识生产现状，并在对科学化教育学知识内在结构的进行深入思考的基础上才能摆脱人云亦云、千人一面的状况，故而，这一研究领域还有很大的改善空间。

四、研究方法

（一）文献资料法

本书是理论思辨性质的研究，文献资料法是贯穿全书始终的一种研究方法。教育学知识科学化领域并不是一个全新的领域，事实上，作为关系到教育学学科建设和教育学学科声誉的关键性问题，不仅已经有很多学者对教育学知识科学化的相关内容（即教育学应不应科学化、如何科学化）做过研究，而且教育学知识科学化本身也在受到越来越多的关注。这些“前人之思”为笔者提供了大量可供借鉴和思考的材料，而要更好地对教育学知识科学化进行探讨，就必须对它们施以全面的阅读和深入的分析。

恩格斯曾经说过，“一个人如想研究科学问题，首先要在利用著作的时候学会按照作者写的原样去阅读这些著作”，[①] 为遵循这一原则，确保文献资料的准确性和全面性，一方面，笔者将通过图书馆及借助中国知网、万方数据资源、超星电子图书等电子资源搜集已公开发表的相关文章、著作，以此为基础，澄清教育学知识的概念、特征、功能，明确教育学知识科学化的内涵、表征，梳理教育学知识科学化的进程；另一方面，笔者拟收集近 20 年国内具有代表性的

① 马克思恩格斯全集［C］：第 25 卷 . 北京：人民出版社，1974：.26.

教育学教材，从而以文本为依托，有的放矢地呈现我国教育学科学化进程中的现存问题，为探究实现教育学知识科学化的可行策略奠定基础。

（二）历史研究法

教育学的科学化是个历时性的过程，对其研究也要遵循其历史发展的脉络。一般而言，科学性是事物的固有属性或科学化的结果，而科学化则是科学化总体过程和科学化阶段结果的统一。与之相一致，不同于部分教育学知识所表现出的科学性，教育学知识的科学化既是提高教育学知识总体解释力和指导力水平的过程，也是在这一过程中将个别不科学、不系统的教育学知识转化为具有科学性和系统性教育学知识的结果。因此，教育学知识科学化的研究总是需要依托于对教育学学术史的梳理，而这自然离不开历史研究法。

在本书中，对历史研究法的运用主要体现在对教育学研究方法论的梳理上。笔者将教育学研究的方法划分为“经验总结”抑或“逻辑推理”、“哲学思辨”、“实证研究”、“多元转向”四个阶段：“经验总结”抑或“逻辑推理”阶段主要指独立形态的教育学出现之前的那一段时期，这一时期的教育学知识还很难称之为真正意义上的“教育学”知识，它们至多算是一些不成体系的教育思想，其生产方式更多的是对教育经验的简单汇总；“哲学思辨”阶段主要指教育学诞生之初的那一段时期，该阶段的教育学知识虽然不再是一般意义上的教育经验，但教育学研究也还局限于哲学思辨的方法，通常根据某一哲学命题推导出教育学知识的一些内容；“实证研究”阶段是教育学研究受实证主义主导的发展阶段，以实验教育学的诞生为其主要标志；“多元化”阶段是 20 世纪中叶以后，随着对唯科学主义的反思以及人文主义思想的兴起，教育学知识生产方法论不断丰富、实证主义和人文主义研究范式并存的阶段。以上述四个阶段为顺序，笔者系统梳理了在不同时期教育学研究方法论以及这些方法论带给我们的启示，以史为鉴，分析了今日教育学研究方法论的“多元”趋向与“一元”标准。

五、创新与不足

（一）创新之处

其一，本书对教育学面临的“前现代”问题与“后现代”转向所造成的双重困境与错位，进行了相对深入地阐述，有助于对当前教育研究中的问题做前提层面地探究，并有助于从问题与方法统一的视角，反思后现代教育哲学思潮之于中国教育问题的适切性，从而在一定程度上拓展了教育学科学化的研究视域。追求学科知识的科学化，是人类理论思维的重要价值取向。教育学的科学化不是一个自发的、自然的实现过程，它是人类对教育实践活动的认识不断深化的必然结果。本书对教育学知识科学化进行系统阐述，在一定程度上有助于进一步提升教育学学科的科学化水平，也有利于促进教育学理论的实践转化，增强其解释力与指导力。

其二，提出教育学知识科学化是建设“科学教育学”的基本前提和切入点。教育学科学化程度的标志是逻辑清晰、陈述严谨的知识系统。科学的教育学应是具有“独特研究对象”、“恰切研究方法”、“专门概念和命题”、“准确话语陈述方式”以及“合理逻辑结构”的学科。本书尝试从“对象——方法——语言”为逻辑线索，论证了上述教育学学科的重要问题。

（二）研究不足

本书目前所做的工作仅限于从理论层面分析了教育学知识科学化面临的几个主要问题，至于教育学知识科学化的程度如何评价，切实推进教育学知识科学化的具体实施策略以及如何将科学的教育学知识转变为教师可用的教育指导性知识等问题，笔者还没有形成清晰的认识。这些不足，期待有机会在未来研究中加以探讨。

七、全书框架说明

尽管教育学已有近四百年的历史，但科学化对教育学而言依然是一个未竟的命题，而诸如学科性质不明、独立性不强、话语陈述不规范等，仍是制约教育学进一步发展的“瓶颈”问题。教育学科学化的实现，是教育学者的学术使命和责任，它涉及对教育学知识内容、逻辑体系、研究方法等不同维度和不同层次问题的科学把握。教育学是“面”，教育学知识是“点”，作为影响教育学发生与发展的微观要素，教育学知识的科学化不仅是教育学科学化的核心内容，也构成了教育学科学化的最基本层次，只有首先推动教育学知识的科学化，才能逐渐推动教育学整个学科的科学化。

本书虽由教育学学科建设面临的现实困境而引发，但其性质却是基于教育学现实发展问题的思辨性研究。为此，本书综合采用了文献研究法和历史研究法，全书的基本思路为：从对教育学知识科学化基本概念与外在表征的澄清出发，阐明何谓教育学知识、何谓教育学知识科学化等问题，进而对教育学知识科学化的时代价值加以分析，证明教育学知识科学化的必要性。之后，按照教育学知识"从何而来—何以形成—何以表达"的先后顺序，探究教育学知识科学化的前提、教育学知识科学化的方法论以及教育学知识的科学化陈述，以期能够在一定程度上推动教育学的科学化进程，维护教育学的学科声誉，使教育学知识呈现得更加准确和严谨。论文分七个部分，篇章结构如下：

第一部分是全书的导论，包括研究背景与研究意义、研究的主要问题、研究进展与评价、研究方法等内容。

第二部分是全书的第一章，主要对教育学知识科学化的相关理论进行了解读，厘清了何谓教育知识、何谓教育学知识以及何谓教育学知识科学化等问题。涉及的内容有：知识的概念，教育学知识和教育知识间的关系，教育学知识的概念及其功能属性，科学化的基本维度，教育学知识科学化的主要内容，教育学知识科学化的限度。

第三部分是全书的第二章，主要对教育学知识的价值诉求进行了阐述。这部分首先以教育学学科建设中现代性和后现代性两种思潮的对立和冲突为背景，呈现了后现代思潮对现代性主导下的教育学学科建设思路的"诘难"，解释了教育学知识科学化之路是教育学应对后现代思维的现实选择，并通过对教育学学科发展困境的分析，指出了教育学知识的科学化有助于彰显教育学的学术品性，提高教育学的学理化程度。

第四、五、六部分主要讨论了如何实现教育学知识的科学化。即对科学化教育学知识产出的可行路径进行了应然设计，旨在对当前教育学学科建设中一些突出的理论问题给予回答。

第四部分，即全书第三章研究的主要内容是教育学知识科学化的前提，它通过澄清教育事实、教育问题、教育现象、教育规律各自的概念及属性，对当前国内流行的四种教育学研究对象观进行了分析，提出了教育学研究对象的标准，从而明确了教育学知识到底是在对哪一"研究对象"的研究中得出的。

第五部分，即全书第四章研究的主要内容是教育学知识科学化的方法论，它主要从教育学研究方法论的历史沿革谈起，论证了教育学知识生产并不需要独特的方法论，而教育学知识生产方法论的“多元”趋向是有益于教育学发展的，但在方法的选用上，却要坚持从问题出发的“一元标准”，确保该方法是适用于“教育学的研究对象”、“具体的研究对象”以及“本土的研究对象”的方法论。从而说明了教育学研究到底是该坚持“研究问题决定研究方法”还是“研究方法决定研究问题”，辨析了教育学的“内容—方法观”。

第六部分，即全书第五章涉及的内容是教育学知识的科学化陈述，主要说明教育学知识陈述的主体，即教育学知识应当是经过专业训练和掌握专业知识的教育学研究者，教育学知识陈述的话语，即教育学知识的内容应当实现基本概念和命题的统一，而教育学知识陈述的方式应当按照教育学知识的性质及所属类型来陈述。

第七部分是全书的结语，讨论了笔者在研究中秉持的一些基本观点和得出的主要结论，并阐明了未来深化这一研究的基本设想。

第一章　教育学知识科学化的内涵

人是一种有生命的自然存在物，他“具有自然力、生命力，是能动的自然存在物；这些力量作为天赋和才能、作为欲望存在于人身上”，[①] 通过对这些天赋和才能的应用，人和自然的关系发生了巨大的变革，人本源于自然，但因其主观能动性却使之成了自然的主宰；自然本来是完全客观的，但人之主观能动性却将其打上了主观意识的烙印。依赖于客观世界的人类具有强大的主观能动性，凭此能动性，人类可以使自然变得更加契合人的内在需要，更加符合其价值预期，从而将自然的世界改造为“属人的世界”。

人类的能动性集中体现在他的实践活动当中。按照对象的不同，人类的实践活动分为两种：一种是之于客观自然世界的实践活动，一种是之于主观精神世界的实践活动。在第一类活动中，人类通过生产实践把不依赖于人主观意识而存在的外在自然世界转化为了“人化的自然界”，并取得了丰富的生产生活经验，提高了人类对世界的改造能力。而在第二类活动中，人类则把在第一种实践活动中获得的生产生活经验进行了分类、概括和升华，将易变和情境性的经验抽象为稳定和普适性的规律，提高了人类对世界的认识能力。无论是人类的第一类还是第二类实践活动，它们都与“知识”这种人类的认识形态有着极为密切的联系，就前者而言，改造自然的实践活动是知识的源泉，而从这一活动中获得的生产生活经验则不仅是知识的直接来源，而且它们本身即为一类知识，就后者而言，人类对经验的改造即是生产知识的过程，而规律同经验一样，也是一类知识，只不过它的理论化和抽象化程度更高。

在人类的整个知识宝库中，教育学知识是一种为教育学所专有的学科知识类型，其中不仅包含着关于我们对教育活动（譬如教育本质、教育规律等）的理论性思考，也涉及了我们对教育学自身（譬如教育学的学科定位、教育学

---

① 马克思.1844年经济学哲学手稿［M］. 北京：人民出版社，2000：105.

的学术史等）的现实审视。相对于历史悠久的教育知识，学科意义上的教育学知识是在教育学出现之后方才产生的。因此，就整个人类历史而言，教育学知识出现的时间还非常短暂，它是一种“年轻”的知识，同时也是一种“不完全成熟”的知识，而作为我们构建教育学整个理论体系的基石，教育学知识能否改变这种不成熟状态，能否变得更加严谨、准确，不仅关系到自身的效用和价值，更关系到教育学这一学科的学术声誉能否得到维护和教育学能否成为一门真正意义上的“科学”。

科学化是教育学知识改变“不成熟”状态和教育学研究者产出科学化教育学知识的重要路径，它不仅要求教育学知识的概念更加确定、更加具有普适性，也要求教育学知识的外在形式更加严谨、更具有精确性。自赫尔巴特寻求以心理学和“实践哲学”为基础建立“科学教育学”开始，以现代性为核心精神的科学化就已经成为教育学研究者建设教育学学科的主要思路之一，在此期间，教育学的发展经过了提倡教育实验、数据分析等自然科学取向的科学化，也同样经过了重视文化解释、行动规范等人文取向的科学化。尽管随着后现代主义思潮的兴起，科学化受到了越来越多的质疑，但不可否认的是，直至今日，教育学知识的科学化在教育学的学科建设中仍然有着重要价值。

一、教育学知识的分析

“概念明确，是正确思维的首要条件。没有明确的概念，就不会有恰当的判断，就不会有合乎逻辑的推理与论证。”[①]由于人们对“知识”以及“科学”理解的不同，学界对教育学知识的科学化的内涵还存在着诸多分歧性认识。所以，讨论教育学知识的科学化，就首先应当从对“教育学知识科学化”的概念澄清做起。鉴于“教育学知识科学化”中包含两个核心词汇，笔者将在下文依次分析“教育学知识”和“科学化”的概念，并在对二者的融会贯通中形成对教育学知识科学化的整体性理解。

（一）知识

教育学知识是一种教育领域内的特殊知识类型，它属于知识的下位概念，

① 金岳霖.形式逻辑［M］.北京：人民出版社，2005：24.

所以，对教育学知识的认识应当以知识为起点。知识的内涵很小，外延却很大，其中涉及的内容非常广泛。[①]从概念来看，简言之，知识是“人们在改造世界的实践中获得的认识和经验的总和”。[②]而《中国大百科全书·哲学卷》(以下简称《全书》)则把它详细解释为：“知识是人类认识的成果。它是在实践的基础上产生又经过实践检验的对客观实际的反映。人们在日常生活、社会活动和科学研究中所获得的对事物的了解，其中可靠的成分就是知识。依据反映对象的深刻性和系统性程度，知识可分为生活常识和科学知识。生活常识是对某些事实的判断和描述。科学知识是通过一定的科学概念体系来理解和说明事物的知识。科学知识也有经验的和理论的两种不同水平。科学知识是全人类认识的结晶，又是人类实践和社会发展的必要的精神条件。知识与无知相对立。从无知到有知识，知识由少到多、由浅入深、由片面到全面的不断运动，是人类思维发展的基本过程。知识的发展表现为在实践基础上不断地由量的积累到质的飞跃的深化和扩展。这种处在辩证运动中的知识具有历史继承性、不可逆性和加速度增长的特点。”[③]

不难看出，以上的两种知识概念可谓是“同中存异”。一方面，就二者的相同之处来看，它们皆将知识理解为“人类在实践活动获得的认识成果”，并且都不否认经验本身即为一种知识。另一方面，就二者的差异之处来看，较之第一种对知识概念的简化理解，《全书》对“知识”的限定显然更为严格：首先，相对于“认识和经验的总和”这种过于宽泛的提法，在《全书》中，知识是一种于实践中产生并经过实践验证的主体“对客观实际的反映”，它并不是人类全部的认识和经验，而仅限于人类认识中那些“可靠的成分”，需要与客观实际保持一致；其次，《全书》对客观事物反映的深刻性和系统性程度，将知识分为“生活常识”和“科学知识”两类，前者是一种普通的“判断和描述”，后者是一种通过“科学概念体系”对事物进行的理解和说明，它还可被进一步划分为“经验”和“理论”两种不同水平。

需特别注意的是，尽管以上两种对知识的界定都没有将经验排除在知识的范

---

① 概念的内涵与外延之间存在着“反比规律”，即概念的内涵越多，外延越少，而内涵越少，外延则越多。内涵与外延之间的这种反比关系，并不是一种严格的数量关系，“只是表示内涵与外延在数量方面相应变化的方向”。(详见金岳霖.形式逻辑［M］.北京：人民出版社，2005：26.)

② 现代汉语词典［C］.北京：商务印书馆，1996：1612.

③ 中国大百科全书·哲学卷［C］.北京：中国大百科全书出版社，1987：1169.

围之外，但知识毕竟不同于经验，二者间有着一定的差别。在广义的层面上，知识意指对事物的感知和认识，它确实不像我们所认为的课本知识那样，是一种历经实践反复淬炼和由教育者按照一定标准摘选出来的理性认识，实际上，但凡能够对我们的实践活动加以引导的认识（无论是感性认识还是理性认识），即便停留于较低的抽象化和学理化水平，也都可算作是广义的知识，故而，广义的知识其实和经验并无二异，它并不排斥那些依附于具体情境和个人的经验，这也就是上文所提及的“认识和经验的总和”。在狭义的层面上，知识意指从感性认识中发展而来的理性认识，它虽然依旧是一种经验，但却不再包括一切经验，仅作为经验的特殊部类而存在。这是因为，人类的认识过程集中表现为“通过实践而发现真理，又通过实践而证实真理和发展真理。从感性认识而能动地发展到理性认识，又从理性认识而能动地指导革命实践，改造主观世界和客观世界”①。其中，经验既可存在于感性认识阶段，亦可存在于理性认识阶段，而处于两个不同阶段的经验虽然都是人类总体经验的一部分，但它们却有着不同的性质。感性认识阶段的经验是一种直接经验，它还没有经过理性思维的摘选和抽象，往往会因时、因地、因人而异，其正确性并未在大量实践中得到有效证明，随时都有被推翻的可能性。理性认识阶段的经验则是一种依照一定目的和标准精心挑选出的间接经验，它们不仅在实践中得到了反复的应用和验证，是一些非常可信的知识，而且已不再受限于具体情境和个人的限制，是一些普遍有效的知识，适用于更为广阔的范围。狭义的知识是在人类理性认识阶段方才出现的，它尽管由感性经验发展而来，但却在我们去粗取精、去伪存真的理性认识过程中剔除了感性经验常会带有的那些直观、重复乃至消极的部分，仅保留了其中能够对实践进行有效指导和说明，且具有普适性的间接经验，换言之，狭义的知识是一类更为抽象、普遍及可靠的“认识和经验的总和”。

综合《全书》给出的知识概念，以及知识与经验间的关系，笔者对“知识”做出以下界定：在广义上，知识就是经验，它意指人类通过实践活动获得的一切认识成果（或经验）的总和，是人类“行知”和“认知”过程的产物，包括全部的感性认识和理性认识、直接经验和间接经验、个人经验和集体经验以及显性知识和隐性知识等。这一层面的知识概念不仅不排斥经验中那些情境化、个体化的成分，甚至也不排斥个体对外在世界的错误认识。在狭义上，知

① 毛泽东选集［C］：第1卷．北京：人民出版社，1991：296–297.

识意指人类按照一定目的和标准，通过对情境化、个体化经验的高度抽象，并经由实践过程的反复验证和补充，从有关生产生活的直接经验中筛选出的一类更为普遍、可靠和行之有效的认识成果，是经验的特殊部类和“认知”过程的产物，主要包括那些具有相对确定性和普适性的理性认识或间接经验。与广义层面的知识概念不同，狭义层面的知识概念由于内含着知识需要“普遍适用”和“相对正确”的标准，故而，它不仅排斥那些缺少普适性的个别认识，也同时排斥那些与事实不符的错误认识。

当然，狭义知识内部也有着不同的分类，如依照上文提及的“反映对象的深刻性和系统性程度”的标准，知识可分为日常知识和科学知识两类。前者主要包括生产、生活等方面的常识，它们尽管符合狭义知识所要求的普适性、抽象性，但较之于科学知识，它们的系统化程度还略显有限，往往很难构成一种在逻辑上一以贯之的知识体系；后者则主要指建立在独特学科概念及话语陈述方式基础上的科学理论知识，相对于日常知识的“碎片化”存在状态，它们则是一套有着较高专业化和系统化水平的“知识体系”，其各知识要素间存有紧密的逻辑关系。

（二）教育知识

在明确知识的概念后，对何谓教育学知识进行探析本应是“水到渠成”，但鉴于除教育学知识外，“教育知识”也是近些年教育研究领域（尤其是学者们有关“学科教学知识”的研究）屡被提及的一个和教育学知识极为相似的学术概念，二者尽管只有一字之差，但却于性质、功能、指向等方面存在着诸多差异，故笔者认为，我们有必要在界定教育学知识的概念之前，辨清教育知识和教育学知识间的异同。

知识和教育间有着天然的紧密关系，“一方面，教育是知识筛选、传播、分配、积累和发展的重要途径”，[①] 教育活动的产生尽管与知识的产生并不同步，但它一经出现，便迅速成为知识传递最有效和最主要的途径，它使得个体认识逼近人类总体认识水平的距离大大缩短，通过教育者的讲授，受教育者可以不需要“亲力亲为”就能在几年或者几十年的短暂时间中掌握人类通过几千年方才积累起来的知识精华。与此同时，教育总是需要挑选出最具基础性、时代性

① 石中英.知识转型与教育改革［M］.北京：教育科学出版社，2001：1.

和传承性的知识来构成教育内容，而对这些知识的挑选和引入，也是教育对知识进行选择和更新的过程。“另一方面，知识又是教育的重要内容和载体，离开了知识，教育就会变为无米之炊，各种各样的教育目标（如技能、能力、态度、情感、人格等等）也就无法达成”，[①]教育虽然需要培养学生多方面的能力，但知识的传递却是教育的首要任务，学生只有在习得知识的基础上，才能发展他们各方面的能力。缺少对知识的传递，教育的“育人”目标便很难实现。

作为教育领域内的知识类型，教育知识和教育学知识都是在知识漫长的演化过程中产生的，对二者的理解也需要结合知识的演变过程。“知识和实践就像做手艺一样，两者必须结合”（裴斯泰洛奇语）。作为人类在实践活动中改造和认识客观世界的结果，知识直接地是实践活动的产物并由发生了的实践活动所决定。知识的广度总会和人类实践活动的边界相一致，而知识的深度又总会和人类实践活动的深度相吻合。纵观人类的发展史，知识虽然早已产生，但它的演化却经历了一个由匮乏到丰富、由单一向多元、由分散向整合的转变过程。

知识的早期演化轨迹集中体现在由广义知识向狭义知识的转变上。人类出现之初，由于认识和改造世界的能力还相对薄弱，以致从事实践活动的样态及深度还十分有限，他们对世界的认识往往带有非常明显的局限性，不仅缺少对世界的正确认识，甚至还会经常采用充满迷信与神话色彩的“理论”来解释世界。以此为背景，人类在该时期所积累的知识其实和经验并没有实质性差异，它们主要由大量零散、具体和片面的直接经验构成，这些知识既不能确保自身效用的可信和可靠，也没有太多对世界“分门别类”的理解。然而，随着生产生活条件的改善，人类的实践能力得到了大幅提高，加之脑体分工的出现，社会中更是出现了许多专门从事认识活动的脑力劳动者，在这些有利条件的推动下，人类对于世界的认识得以不断加深，知识不仅在数量上有了进一步丰富，在内容上也发生了很大改变。一方面，间接经验和理性认识的丰富逐渐动摇了直接经验在知识中原本占据的绝对统治地位，狭义知识成为一种重要的知识类型，并作为经验的特殊部类而存在；另一方面，在政治、经济、文化等活动相继登上历史舞台后，人类实践活动的样态日渐增多，人们关于这些活动的经验和思考也与日俱增，受此影响，知识的分化成为一种必然趋势，它逐渐衍生出诸如政治知识、经济知识、文化知识等多种新的知识类型。

---

① 石中英. 知识转型与教育改革［M］. 北京：教育科学出版社，2001：1.

同政治知识、经济知识、文化知识相类，教育知识也是在知识分化阶段产生的，它的出现，既是教育活动发生发展的自然结果，也源于人类优化教育活动的需要。首先，从前者来看，教育活动的发生使人们有机会在与教育活动的交互作用中逐渐认识这一活动，而随着教育活动的内容和形式的丰富，人们不仅积累了大量开展教育活动的经验，也开始产生了一些对教育活动的功能、本质、规律等方面的思考，而这些“有关教育实践”经验和思考便促使知识内部衍生出一类可称之为“教育知识”的成分。从后者来看，当教育活动发展到一定阶段后，由于改善教育活动的急切需要，人们会不再满足于被动地获取教育经验，转而会去主动地认识教育活动，希望以更为深刻和有效的知识来指导并推动教育活动高质高效地进行，这同样构成了教育知识出现的动力。

教育知识是人类总体经验中有关“教育”的那部分内容，可被理解为教育活动参与者（主要是教师以及包括校长、教育官员在内的教育管理者）对教育活动的认识。作为对教育实践的直接回应，教育知识在其本质上是一类实践型的知识，它是为教育活动参与者在教育实践中证明“有效”的教育经验的集合体，按其适用的范围，可以分为个体性教育知识和普适性教育知识。教育知识的最初形态集中表现为教育活动参与者的个人教育经验，它们是“最初的教育者实施教育的方式和方法”，“以经验的形式储存在教育者（承担教育任务的成人）的大脑中。社会公众也可能不认可那些经验是一种知识，但教育知识确实历史性地出现了。这种以潜在的经验为形式的教育知识，应是人类教育知识的第一种形式。”[①]然而，个体性教育知识毕竟会受限于非常具体的时空环境，它既不能为教育实践提供普遍有效的指导和说明，也不能被大范围地推广开来，所以，为适应形式日渐多样的教育活动，一些学者对零散的个人教育经验进行了汇总、摘选和概括，这便改变了教育知识对个别人或者个别情境的高度依存性，使它们可以被更多的教育活动参与者应用于更为广阔的范围，而像中国的《学记》、《颜氏家训》，西方的《雄辩术原理》、《论教育》等教育著作所涉及的教育知识便都属于普适性教育知识的行列。

普适性教育知识属于狭义知识的范畴，它在对我们合理开展教育活动产生积极影响的同时，也为教育学知识的产出提供了丰厚土壤。但应特别注意的是，并不是所有的普适性教育知识都可算作是科学知识。这是因为，普适性教

① 刘庆昌．论教育知识发展的实质［J］．教育理论与实践，2005，（6）：1.

育知识尽管比广义知识有着更高的分化程度（是一类专注于教育领域内部问题的知识），也比个体性教育知识有着更强的普适性和抽象性（可以为教育实践提供更具普遍意义的说明和指导），但它毕竟是从教育实践直接演化而来，其主要功能在于告诉教育活动参与者“如何去做”，这便导致普适性教育知识多重“实用”而轻“说理”，其中的很多内容往往在注重自身“通俗易懂”的同时，由于缺少更高水平的抽象和更深层次的汇总，还大都还居于“各自为政”的松散状态，尚没有形成完整的知识体系，故而，普适性教育知识同时包括日常知识和科学知识的部分。

与教育知识相比，教育学知识的产生则要晚了许多，它是自教育学产生之后方才出现的，是教育知识积累到一定阶段的产物，也是研究者试图以系统化和学理化的方式分析教育活动以及归纳、梳理普适性教育知识的结果。近代以后，出于发展资本经济和建设民族国家的急切愿望，人们对教育活动的关注愈加密切，在推动教育现代化、民族化的过程中，不仅教育活动参与者有了更加丰富的教育经验，而且还有很多学者就“教育”、“学校”、“教师”、“规训”等问题提出了个人的观点，这些都促使教育知识的增长始终维持在一个高速状态，加之这一阶段学科分化程度和分化需求的进一步提高，专以“教育”为研究领域的教育学终于在培根、夸美纽斯、赫尔巴特[①]等一批学者的努力下登上了历史的舞台。

不同于教育知识兼顾日常知识和科学知识的属性，教育学知识是一种科学知识，这主要有两方面的原因：一方面，教育学知识是专门化的研究者[②]对教育活动形成的较为深刻的理论性认识，符合科学知识的“深刻性”标准。如

① 培根、夸美纽斯、赫尔巴特三位学者对教育学的“成学之路”贡献各不相同。培根在《科学的价值和发展》（1623）中首次将教育学作为一门独立学科开列出来，指出它是关于“指导阅读”的学问，夸美纽斯则撰写了教育学史上第一部教育学著作《大教学论》（1632），而赫尔巴特的《普通教育学》（1806）则把独立形态的教育学推向了一个新的高度，开始了教育学的科学化进程。虽然三位学者对教育学的早期发展都有着不可磨灭的贡献，但总体来看，培根只是提出了“教育学”的称谓，却并没有实质性地发展教育学，而夸美纽斯的《大教学论》尽管不再是对教育零思碎想，但其内容依不构成体系，并且采用了大量哲学化、宗教化的话语和论证方式，夸美纽斯与上述二人有着质的差别，他不仅试图以心理学和伦理学为基础打造科学教育学，而且还在提出一系列教育学基本概念和范畴的同时，初步搭建起了教育学的框架体系。因此，培根和夸美纽斯只是奠定了教育学“成学”的可能性，而赫尔巴特则将这种可能性转化为了现实，真正拉开了教育学“成学之路”的帷幕。

② 进行教育学知识生产的“生产者”，尽管可能并不专门研究教育学或者只研究教育学，但却是一些专门从事学术研究活动的思想家和学者。他们或许会有一些实际的教学经历，但又和一线的中小学教师或者教育管理者有着明显的不同，从事学术研究才是他们最主要的活动。

前所述，教育知识分为个体性教育知识和普适性教育知识两类，一般说来，个体性教育知识由于依存于具体的情境和个人，其中常会存在一定的局限性，而普适性的教育知识虽然比个体性教育知识在可靠性和抽象性方面有了进步，但为保证自身的“简明易用”，其形态还比较接近于教育经验，对教育活动的认识可能正确却不够深刻。相对于教育知识，教育学知识则会和教育学“探究教育规律，澄清教育本质”的目标诉求相一致，它不仅会思考教的方法、教的内容、教的主体等问题，还会对这些问题的前提，即为什么这样教、为什么教这些、为什么由“他”来教等问题予以反思，所以，教育学知识比教育知识对教育活动的认识更深刻、更具学理性。“教育知识是有关教育过程的知识，具有实践性、过程性和经验性，而教育学知识是有关对‘教育学’的认识，是对教育中的规律、概念的学理研究，具有科学性、规律性与抽象性。……教育学的知识系统为人们认识和处理教育问题提供了一种不同于传统的思路”[①]。另一方面，教育学知识是专门化的研究者基于教育知识建构起来的系统的理论性认识，符合科学知识的“系统性”。科学知识是体系化的知识，而“体系是若干有关事物互相联系、互相制约而构成的整体。体系具有整体性和结构性两个特征。凡成体系者，必然是一个有机的整体，而不是毫无秩序的堆砌物，构成体系的要素是按照一定的顺序或方式结合的”。[②]无论是个体性还是普适性的教育知识，其中虽然不乏深入思考和真知灼见，但它们却并没有按照一定的逻辑主线构成一个相对完整的知识体系，以致各知识要素间往往缺少内在的关联性，终归是一些关于教育活动的零散性认识。与此形成鲜明对比的是，教育学知识虽然由普适性教育知识发展而来，但并非是对普适性教育知识的简单叠加。通过研究者对普适性教育知识的改造和重组，教育学知识不仅具有了学理性的话语陈述方式，而且还表现为一套围绕教育与社会、教育与人这两大基本主线，以及“什么是教育”、“为谁培养人”、“培养什么人”、“谁来教育人”、“怎样教育人”等五大问题构建起来的旨在澄清教育本质、教育功能（价值）、教育目的、教育主体、教育过程等内容的层层递进的知识体系，[③]在这一体系中，教育学知识的各部分内容不但遵循着一定的逻辑顺序，彼此间还有着很强的关联性，融合成了一个有机整体。

---

① 郭军，吴原．从教育知识到教育学知识［J］．宁波广播电视大学学报，2007，（12）：89.

② 刘庆昌．论教育知识发展的实质［J］．教育理论与实践，2005，（6）：3.

③ 杨兆山，张海波．基于人性论的教育学学科体系建构［J］．教育研究，2010，（4）：15.

总之，教育知识和教育学知识相近但不相同，它们有着非常紧密的联系，但也在性质、功能等方面有着很大差别。偏重于经验与应用层面的教育知识比教育学知识有着更广的外延和更多的内容，它是建构教育学知识的最主要来源，不断丰富的教育知识是近代以后教育学知识能够产生的重要前提，教育知识的广度和深度从根本上决定了研究者所能建构出的教育学知识的广度和深度，教育知识的发展往往会引起教育学知识的发展。偏重于理论与解释层面的教育学知识是对教育活动更加抽象和更具普遍性的认识，它是理论研究者在对普适性教育知识的整合中发展起来的，教育学知识可以作为解释教育知识的理论依据，也可以作为生产教育知识的理论来源，教育学知识虽然是理论性知识，但一个真实有效的教育学知识，往往可以转化为许多能够直接作用于实践的教育知识，成为教育活动参与者的“行动的力量”，而一类错误的或者炮制出来的教育学知识，却会因违反教育知识或者被教育活动参与者所拒斥，或者成为教育活动参与者“行动的阻力”。

（三）教育学知识

就已有的研究来看，理论界对教育学知识概念的认识并不统一，如有学者从教育学知识的字面含义出发，将其概括为“所有通过教育学术研究所获得的知识或者说是所有构成教育之学的知识”①，还有学者从教育学知识和教育知识的差别出发，将其概括为“教育学知识是我们多年以来对学科发展与批判的理性思索所沉淀下来的一种思维的方式和学科的视角，是区别于教育实践层面而言的‘教育知识’而具有两个不同位面上不同的伦理认识”，它“是对教育活动由实证性知识深入到了规则性、价值性的知识领域的一种‘内在的审视’，是对教育内在价值和教育学活动能力的意义探寻和内涵的不断拓展与挖掘”②。上述两个定义，对教育学知识的界定各有侧重，也各有其合理之处，前者突出了教育学知识的“学科性”，意在强调教育学知识是“教育之学”当中包含或教育学研究者生产出的知识，它只属于教育学而不是其他别的学科，后者突出了教育学知识的“学理性”，意在强调教育学知识是一种区别于教育知识的理论知识，是对教育实践活动的规则性和价值性认识，即便它与教育知识一样，

---

① 申卫革．后现代知识型观照下教育学知识的实践转向［D］：［博士学位论文］．西安：陕西师范大学，2007：9.

② 郭军．教育学知识的品性与旨趣［J］．教育学术月刊，2009，(3)：24.

都是源于现实的教育活动，但它却没有止步于教育实践层面，而是上升为了对现实教育活动的“内在的审视”。

“概念是反映事物的特有属性（固有属性或本质属性）的思维形态”[①]，因此，界定概念的关键在于找出事物的特质，而特质，顾名思义，是一事物区别于其他事物的属性，它们只有在该事物与其他相近事物的对比中方能发现。已有研究对教育学知识“学科性”和“学理性”的二分维度无疑为我们了解教育学知识的特质、澄清教育学知识的概念提供了有效的思路。首先，与经济学知识、管理学知识、物理学知识等其他学科所涉及的知识相比，教育学知识表现出了一种“教育取向”，它应当被视作教育学的学科专属知识。依照学科的功能属性，教育学是对教育活动施以专门研究的学科，它研究的对象是教育现象，而不是政治现象、文化现象或者经济现象等其他的社会现象，它研究的目标在于揭示教育规律、为教育实践提供一般性的理论说明和依据，而不是服务于工厂生产、军事研发、经济金融等其他的社会活动，所以，教育学当中的知识内容自然会紧密围绕“教育”这一主题展开，是植根于教育、服务于教育以及关于教育的一类知识。而研究者在生产教育学知识的过程中，尽管可能借助其他学科的理论与方法，但其目的依旧是为了更全面、深入地分析教育现象，提高教育学知识对教育实践的解释力和指导力，故而这些其他学科的理论与方法并无损于教育学知识的“教育性”，它们一定是体现出教育学之“教育”特质的知识类型。

其次，与扎根教育实践、服务教育实践的教育知识相比，教育学知识表现出了一种“理论取向”和“体系取向”，它当被视作具有一定逻辑体系的理论知识。教育学知识和教育知识有着高度的相关性，从“知识”的视角观之，教育学可以被理解为“教育知识的汇总是教育学，教育学是所有教育认识成果的汇总，教育知识的实体化、整体化、统一化就是教育学”[②]，“教育学是教育知识学科化的结果”[③]。然而，教育学知识是在“教育知识学科化”之后方才出现的，它毕竟有着不同于教育知识的特性。一方面，作为思维推理的结果，教育学知识是在教育学术研究活动（而非教育实践活动）对普适性教育知识进行

---

① 金岳霖．形式逻辑［M］．北京：人民出版社，2005：18.

② 张进峰．解析教育知识：发生在教育哲学领域的一种新思维——兼评刘庆昌的《教育知识论》［J］．教育理论与实践，2008，（7）：14.

③ 刘庆昌．教育知识论［M］．太原：山西教育出版社，2008：233.

更深层次抽象的基础上产生的一类知识，是高度抽象的间接经验，处于抽象思维和理性认识的阶段，它由一系列专门的概念、范畴和命题构成，并采用了相对严格和精确的学术语言。这些都决定了教育学知识并不像教育知识那样能够直接作用于教育实践，它只能为教育活动参与者提供行动的观念引领和发展蓝图，却不能为教育活动参与者给出行动的具体方法。另一方面，相对于教育知识对教育活动零散的认识，教育学知识则是一个按照某一思路和框架组织编排起来的知识体系，尽管它由不同的知识要素构成，但各知识要素间的关系却不是松散和偶然的，相反，它们不仅遵循着一定的逻辑先后顺序，而且还保持着极为密切的联系，因此，教育学知识是关于教育活动的系统性认识，其中的各知识要素围绕“社会——教育——人”这一主线构成了一个整体。

除上述两个维度外，与自然科学相比，教育学知识还表现出一种“人文取向”和“价值取向”，它当被视作具有价值性的科学知识。一方面，教育学是“培养人”的学问，它面对的是积极能动的“人”，主要回应的是“培养人”的基本规律。尽管有关“人”的问题可能并不完全是教育的问题，但它们在整个教育学中却是最具前提性和最核心的内容，至于人的身心发展特点、人的共性和个性、人的道德与审美等问题更是教育学知识会必然涉及的内容。与“人”的这种高度相关性，要求教育学知识在追求自身客观、准确、深刻的同时，还要充分考虑并尊重“人”的能动性和多样性，体现出教育学知识的人文精神。另一方面，人作为一种能动的存在物，虽然会以生产和消费物质资料构成了人生活的第一大主题，但在基本生存需要被满足之后，他还会渴求丰富的精神生活，渴求来自他人的尊重和认可，所以，建构精神世界、探寻人生价值又构成了人类生活的第二大主题。由此可知，人类的生活世界实则由物质层面和精神层面共同构成，而以人的培养为旨归的教育活动便既需要使人有足够的生产生活技能去适应物质层面的生活，也需要引导着人丰富精神生活、确立人生目标、叩问存在价值，进而探寻真善美相统一的意义世界。教育活动所担负的这两大基本任务，决定了对之进行研究的教育学也必然需要与之相一致，不仅要分析教育适应物质生活之规律，还要思考教育精神生活之规律，所以，教育学知识的内容势必无法回避对人生意义和人生价值的叩问，也势必会涉及对真善美的探寻，而这些都会使教育学知识体现出与自然科学知识“客观性”标准相区别的“价值性”意蕴。

总之，特质是在比照中发现的，根据比照对象的不同，教育学知识的特质集中体现在“教育性”、“理论性”、“体系性”、“人文性”以及“价值性”等五个方面，它们共同决定了教育学知识区别于其他知识类型的独特性。[①] 结合这些特质，以及上文给出的知识概念，笔者将教育学知识的概念界定为：简言之，教育学知识就是学者通过教育学术研究活动得到的系统化的知识信息，具体而言，教育学知识是学者在教育学学术研究活动中获得的关于教育实践活动以及教育学自身，具有较高理论化和体系化水平，且兼具客观性、人文性以及价值性的一类知识信息，它由一系列的教育学的基本概念、范畴和命题构成。

（四）教育学知识的功能

教育学知识的功能主要体现在解释和说明教育实践，以及为教育实践提供观念或认识上的指导两个方面。

教育知识是一种具有非常强可操作性的实践知识，它的主要功能在于为教育活动参与者提供“行之有效”的方法，从而帮助他们解决在教育实践中遇到的问题，所以，教育知识可以直接转化为“行动的力量”，它在告诉教育活动参与者“怎样做”的同时，往往并不需要向他们解释“为什么这样做”。教育学知识则是一种理论知识，它虽然也能对教育活动产生影响，但这种影响却并不像教育知识那样直接，它只能通过引领教育活动参与者的教育观念来间接影响教育实践。然而，这并不就是说教育知识比教育学知识更有价值。相反，一方面，教育学知识虽不能向我们呈现教育活动的每一细节，但却阐释了教育的本质、目的、要素、历史发展等有关教育活动的基本信息，传达着恰当的教育发展观、教育公平观、教育质量观等有关教育活动的基本观念，通过对这些信息的内化，可以使教育活动参与者在正式进入教育活动前，便能形成对教育活动的整体性认识，做好思想上的准备，并树立起正确的教育观。另一方面，教育学知识对教育目的的确立、教育方法的选择、教育过程的展开、教育评价的实施等相关问题的澄清过程，就是对教育活动参与者所采取行动的意义、原因以及可能导致的结果等进行说明的过程，通过这些解释和说明，教育学知识不仅为教育知识的成立提供了理论依据，还可以使教育活动参与者“知其然”（知

---

① 对教育学知识特质的认识，需要有一种整体性的视角，单独将其中某一个特质作为教育学知识的独特性，还是容易将教育学知识与其他知识类型相混淆。譬如，以教育学知识的教育性为例，如果单就教育性而言，教育知识也同样具有这一属性，所以，把教育性当成是教育学知识的独一无二的属性，显然是不恰当的。是教育学知识的全部特质，决定了它的独特性，而不是教育学知识的某一种特质决定了它的独特性。

道如何去做）也知其“所以然”（知道因何去做），帮助他们思路清晰地开展教育活动。

另外，理论的生命力在于对实践的解释力和推动力，具有高度理论性的教育学知识亦不能例外。从其逻辑关系来看，实践是第一性的，理论是第二性的，理论必须联系实践方有其价值，“实际是理论的源泉，理论产生于实际，也要应用于实际，理论如果脱离了实际就会失去生命力”。[①] 教育学知识是从教育实践中逐渐抽象概括和提炼出来的，产出的教育学知识再经过实践或逻辑的检验，又会形成新的知识。而科学的教育学知识一定是基于教育实践的现实状况和现实需求产出，并有助于解决教育实践中的现实问题。然而，尽管教育实践是教育学知识发展的动力，教育学知识需要服务于教育实践，但我们也决不能因此而机械教条地理解教育学知识与教育实践间的关系，把教育学当成是教育工作手册，认为教育学知识必须可以直接作用于教育实践，必须可以直接转化为具体的操作方法，否则，就是理论脱离实际。[②] 教育学知识自然会对教育实践产生影响，但由于“教育理论走向教育实践的问题具有相当的复杂性；不仅教育理论与教育实践之间存在着某种距离，而且这种距离又因理论的不同呈现出类型或层次上的差异”，[③] 所以，教育学知识对教育实践的影响必须通过一定“中介”的转化方可实现，而这一中介，便是教育活动的参与者：一方面，教育学知识可以直接作用于教育活动参与者的思想观念，而教育活动参与者一旦形成科学的观念和认识，就能据此做出更加契合教育实践的行为，为教育实践的过程与效果带来积极影响。另一方面，教育活动参与者可以根据教育学知识推导出一些能够直接作用于教育实践的教育知识，为自身提供更多可供选择的具体方法，以思想的丰富来增强他们的实践能力。

---

① 杨兆山．教育学——培养人的科学与艺术［M］．长春：东北师范大学出版社，2006：27.

② 长期以来，由于和教育实践的紧密关系，教育学总会被当作集理论与应用为一体的学科。由此，人们不仅要求教育学要回答有关教育活动的理论问题，还要求教育学能够直接作用于教育实践，传授教育教学的技巧和本领。这便导致教育学的学科定位非常不明确，教育学应在理论上寻求发展，还是在实用上下功夫，一直无所适从，如果教育学深化理论研究，容易被指责为脱离实践，不为实践服务；如果教育学拓展实际应用方面的内容，又会被说成是“教育工作手册”。实际上，随着学科分化程度的加深，教育学不可能也没必要继续作为一门“包揽一切”的学科，它还是应被定位为一门理论学科，只不过其中当包括教育基础理论和教育应用理论两个部分，前者提供有关教育活动的最一般原理，后者为教育活动的实际操作提供理论依据，它们虽然都不会和教育实践发生直接联系，也不会直接告诉教育活动参与者具体怎么做，但它们都会通过对教育活动参与者观念的影响来改变其行为，从而间接作用于教育实践。

③ 程亮．教育学的“理论——实践”观［M］．福州：福建教育出版社，2009：5.

二、教育学知识科学化探析

在应然的意义上，教育学知识应当是科学知识，但实际上，自教育学成为一门学科开始，教育学知识的科学性就一直受到诟病和质疑，而且直到今日这种状况仍未得到根本性改观。就目前而言，与其说教育学是一门以教育学知识为要素构建起来的科学，倒不如说教育学是一门将教育经验、教育知识、教育学知识混合在一起的学科。因此，教育学要想变得更加独立和成熟，教育学知识要想变得更具解释力和指导力，就要从内容的有效性和准确性着手，不断提高自身的科学化程度。

（一）科学化

科学，是我们生活中的常见概念，它既可以是一个名词，用来指那些与“迷信”、“神话”相区别的、旨在探究客观真理的“学问”，如心理学是一门“科学”，或者他是一名“科学家”等，也可以是一个形容词，意为“合理的”、“真实的”，如这样的解释“不科学”，找一个“科学”的解决办法。学术研究领域的科学概念则要严谨得多，它是一个和现代性高度相关的话题领域。

科学的出现尽管要远早于现代性思想的萌发，但科学尤其是自然科学之所以能取得今天的成就，和现代性所倡导的理性精神及其所奉行的基础主义、本质主义、普遍主义是密不可分的。在现代性的视野中，科学是理性认识的结果，人类可以凭借自身的理性认识能力去追求科学研究的确定性、抽象性和普遍性，寻求对事物本质的还原，寻求世界的终极解释。以现代性为其理论依据的近现代科学是三百年来人类社会得以迅速发展的最主要动力，它不仅为我们提供了为数众多的知识与学问，改变了我们对世界的看法，从而打破了宗教对人类思想的束缚，也直接推动了三次工业革命的发生，在提高生产效率的同时，为人类生活创造了舒适的条件。

那到底什么是科学呢？笔者在此试举三例。康德在《自然科学的形而上学起源》中从知识的系统性角度指出，“任何一种学说，如果它可以成为一个系统，即成为一个按照原则而整理好的知识整体的话，就叫做作学，而当这些原则可以作为把知识经验地，或者是理智地联结于一个整体之中的原理时，那么不论是作为物体学说还是作为灵魂学说的自然科学，似乎都必须划分为历史的自然科学和理智的自然科学”，[①]而“本义上的科学，尤其是自然科学，要求一个为经验部分提供基础并先验地立于自然事物的知识之上”[②]，所以，“只有那些其确定性是无可置辩的科学才能成为本义上的科学；仅仅只是具有经验的确定性的知识只能在非本义上称之为学问”。[③]另外，英国学者亚历山大·伯德（Alexander Bird）基于“还原”的视角指出，“科学是关于为什么事物的本来面目是这样的知识、关于发现自然界事物的种类的知识以及关于支配这些事物的规律的知识”。[④]美国学者杰罗姆·凯根（Jerome Kagan）则从科学的三种成分组成向我们描述了何谓科学，第一，“一套毫无疑问的前提，为那些特定的问题和同样特定的答案创造优先选择的参数”；第二，“一套有利于用来收集数据的分析工具”；第三，“一套自己喜欢的概念，是各种解释的核心”。[⑤]

以上三个概念对“科学”的界定各有侧重，但基本涵盖了科学的主要成分：首先，科学与知识高度相关，它本身即为一种知识，当然，这里知识并不是广义层面的知识，科学一定是由一些内容准确、表达严谨的知识构成的，它们需要经过实践或逻辑的验证，即“科学中的所有表达与陈述必须是有根有据、有头有脚的”，至少要做到理论上的自圆其说。[⑥]其次，科学不是知识的无序堆积，它是“通过采用一定的方法或程序而达到的某种结果。程序决定了陈述与陈述之间必须互相联系，此联系构成一个整体”，[⑦]所以，科学中的知识往往会按照一定的逻辑顺序构成一个知识系统，而这个系统具有对某一自然现象或社会现象的解释作用，它能够成为我们认识和解决特定问题的理论前提，即“为那些特定的问题和同样特定的答案创造优先选择的参数”。再次，构成一门科学的知识系统，本身又是由一套专门概念和命题构成的，而这些概念和命题则是形成该知识系统解释力的核心要素。

需要特别注意的是，康德和伯德给出的其实是一种排除了社会科学和人文学科的狭义科学概念，在他们看来，只有自然科学才能算作严格意义上的科

---

① ［德］康德．自然科学的形而上学起源［M］．邓晓芒译．北京：生活·读书·新知三联书店，1988：2.
② ［德］康德．自然科学的形而上学起源［M］．邓晓芒译．北京：生活·读书·新知三联书店，1988：4.
③ ［德］康德．自然科学的形而上学起源［M］．邓晓芒译．北京：生活·读书·新知三联书店，1988：3.
④ ［英］亚历山大·伯德．科学哲学［M］．贾玉树，荣小雪译．中国人民大学出版社，2008：11.
⑤ ［美］杰罗姆·凯根．三种文化：21 世纪的自然科学、社会科学和人文学科［M］．王加丰等（译）．上海：上海人民出版社，2003：2-3.
⑥ ［德］汉斯·波塞尔．科学：什么是科学［M］．李文潮（译）．上海：上海三联书店，2002：11.
⑦ ［德］汉斯·波塞尔．科学：什么是科学［M］．李文潮（译）．上海：上海三联书店，2002：11.

学，而一门科学也只有研究自然界的事物，并将知识建立于经验的基础上方才贴近科学的本义。事实上，“科学 = 自然科学”这一判断虽然历来不乏拥趸，但我们却并没有充足的理由证明它的必然性。透过科学史可以发现，18 世纪到 19 世纪初的学者，还未对自己所做研究的性质给出明确的划分，“那时，‘科学’一词尚未获得今天这种特别狭隘的含义，也不存在把自然科学单独区分出来并赋予其特殊尊严的做法。……我们甚至可以不时看到‘自然哲学’与‘道德科学’的对比”。① 然而，随着自然科学的巨大成功，一种将自然科学奉为人类知识典范的唯科学主义思潮开始弥散到学术研究的各个领域，在它那里，自然科学知识是唯一有效的知识，科学研究整个过程必须做到价值无涉，科学全部成果都必须经由经验的证实，而诸如生命价值、人生境界、应然生活等问题由于是无法被经验证实的形而上学命题，被一概拒斥在了科学的大门之外。受此影响，19 世纪上半叶以后，“‘科学’一词日益局限于指自然科学和生物学科，同时它们也开始要求自身具有使其有别于其他一切学问的特殊的严密性与精确性。它们的成功使另一些领域的工作者大为着迷，马上着手模仿它们的教义和术语。由此便出现了狭义的科学（Science）方法和技术对其他学科的专制”。②

从上述分析可知，社会中之所以会出现“科学 = 自然科学”的观点，其实并不因为科学天然地就是自然科学，或者因为只有自然科学才算是科学，而是由于受到唯科学主义驱使的缘故。换言之，尽管自然科学对人类社会的进步有着巨大贡献，但这并不构成它可以独占科学领域的理由，即便尤为重视自然科学的现代性也未曾视自然科学为唯一的科学。相反，我们应当打破唯科学主义的思维局限，转而以一种开放、包容的心态去审视科学，把科学看成是“为解释某一独特的自然或社会现象，人类借助适切的研究方法，以专门性概念和命题为核心要素，按照一定逻辑思路编排起来的内容准确、陈述严谨的知识体系”。

如果说科学是人类认识世界结果，那么本文中所关注的科学化则是构建科学的方法、过程和结果的统一。“化”有多重含义，它可以是“变化”、“转化”，也可以是“教化”、“感化”，还可以“消除”、“消化”等。在“科学

① ［英］弗里德里希·A·哈耶克．科学的反革命——理性滥用之研究［M］．冯克利译．南京：译林出版社，2003：3–4.

② ［英］弗里德里希·A. 哈耶克．科学的反革命——理性滥用之研究［M］．冯克利译．南京：译林出版社，2003：4.

化”当中，“化”是一个过程性的动词，意为“使之变化”、“使之转化”，以此类推，“科学化”可被理解为“使之变为科学”或“使之变得更加科学”。前者针对那些尚未成为科学的学科，后者针对那些已经初步成为科学但却存在一定问题和缺陷的学科。根据笔者于前文提出的科学概念可知，构成科学的维度主要有“独特的研究现象”、“恰当的研究方法”、“专门的概念和命题”、“准确的话语陈述方式”、“合理的逻辑结构”等，而学科科学化之“化”便主要集中在这五个维度上：

首先，科学化是为学科确定独特的研究对象。在古代社会，尽管科学的分化程度很低，但每门科学也依然有自己专门的研究领域。而近代以后，随着科学分化程度的不断提高，这种研究对象的专门化趋势表现得愈加明显。科学的价值在于“解释某一独特的自然或社会现象”，不同的科学需就不同的现象展开分析，而这些不同的现象正是我们能够将一门科学与其他科学区分开来的关键所在，同时，那些被公认为科学的学科，如数学、物理学、化学等，无一例外的都有自己独特的研究对象。所以，要成为真正意义上的科学，首先就要形成明确、独特的研究对象，这是学科科学化的第一步。

其次，科学化是为学科寻求恰当的研究方法。研究方法是达到研究目的的手段，凡是科学研究，就需要借助一定的研究方法。近现代科学改变了以往科学研究方法较为单一的局面，不仅凭借量化的方法于数据分析中全面揭示了研究对象的确定性，而且还通过对定性方法的创新，发掘出了研究对象所蕴藏的文化性和意义性。故而，近现代科学的进步，在一定意义上可以归结为研究方法的进步。不同于研究对象，科学未必具有独特的研究方法，但一定需要适合于研究对象的研究方法，方法的适切性是研究结论正确性的必要条件之一，所以，学科科学化也离不开对恰当研究方法的选择。

再次，科学化是为学科赋予专门的概念、范畴和命题。科学不是“公说公有理，婆说婆有理”的个人经验，它提供的信息应当能够被绝大多数人准确而无差别地理解。这就要求科学对自身内容的呈现要避免使用那些容易产生歧义的日常概念，转而去寻求一套学理化、专门化程度较高且相对固定的概念和范畴，并在此基础上形成对研究对象具有解释性、判断性的命题。所以，一门学科要想成为科学，就要不断澄清学科的基本概念、基本范畴及基本命题，在防止研究者对学科内容存在分歧化理解的同时，构筑起一套严谨、明晰的概念与命题体系。

第四，科学化是严格学科的话语陈述方式。作为一种沟通工具，语言是我们把握外部世界和理解他人思想的主要方式。尽管语言在科学那里并未居于“本体”的地位，不能决定研究对象的真实状况，但它却会深刻影响到我们对研究对象真实存在状况的理解。准确的话语陈述方式既可以确保研究者通过“学科文本”所形成的对学科内容的认识更加符合学科内容的本义，也可以帮助我们更好地就学科中的一些特定话题展开交流，反之，模糊的语言却可能引发我们对学科内容以及他人思想的误读，不仅阻碍新的学术共识的达成，还会影响对已有学科内容的理解。故而，语言的精确化对学科科学化而言是不可或缺的，任何一门言语使用混乱、表达随意的学科不能称其为科学。

最后，科学化是为学科搭建起合理的框架体系。科学寻求的是对研究对象的整体性认识，它不是要回答研究对象中存在的某一个或几个问题，[①]“科学的特点是系统性地、按照一定的方法提出问题，科学中对问题的答案应该带有论证即说理的结构”。[②]可见，科学是一种知识体系，其中的各个知识要素是依照一定的逻辑主线组织起来的，它们既要遵循一定的顺序，能够形成一个相互映照、层层递进的知识整体，又要做到逻辑和内容上的一致性，能够对其观点进行自圆其说。所以，科学化的过程，也是一个寻找学科逻辑主线、调整学科组织结构的过程。

（二）教育学知识科学化

科学化的目的在于提高学科发展的成熟度。自赫尔巴特试图为教育学寻找科学的立论基础开始，推动教育学实现由一门普通学科向严谨科学的转变，就已经成为无数教育学研究者为之努力的方向。然而，“科学”向来不只有唯一模式，它既可以按照唯科学主义者的科学观，被看作是注重实证与实验、数据与经验的自然科学，也可以按照本文所主张的开放的科学观，被看作是一个能够自圆其说、内容准确、陈述严谨的知识体系。正是由于学者们对“科学”的不同理解，造成了教育学科学化的方向时常钟摆在“自然”与“人文”之间，或者走向对自然科学的模仿，发展为大规模采用定量方法的实验教育学，或者依旧坚持人文主义的研究范式，发展为文化教育学、批判教育学等。

---

① 比如，政治经济学就不单单分析商品的问题，而是以商品为起点，由小到大地分析了商品生产、商品交换，以及由二者所衍生出的货币、金融、地租、经济危机等经济现象。

② ［德］汉斯·波塞尔．科学：什么是科学［M］．李文潮（译）．上海：上海三联书店，2002：244.

科学不仅表现为恰当的方法、严谨的陈述、准确的结论，更表现为一种理性、审慎的态度，如果只关注学科外在表现形式的科学化，却缺少解决问题以及对待学科发展时的科学态度，这样的科学化至多算是一种“徒有其表”的科学化。科学是开放的，“在科学中，只要对问题的回答方式是论证性的，是按照一定的系统的方法取得的，那么对原因的提问、对现象的解释以及对问题的解决办法就不应该受到任何限制与损害”。[①] 显然，无论自然科学还是人文社会科学，都在力求从自己的角度对世界做出解释，它们都无一例外地采用了论证性回答的方式，也都无一例外地采用了系统的方法，因此，它们都是符合科学标准的。而将自然科学视为科学的唯一形态，将实验和实证的方法视为唯一有效的方法，无疑是一种以非科学的态度来维护自然科学权威的错误举措，它“确实反映着一种丝毫没有正确意义上的科学性可言的态度”，“不同于科学观点，它对自己的题目不加思考，便宣布自己知道研究它的最恰当方式”。[②]

基于以上思考，教育学的科学化就不能被简单理解为教育学的自然科学化或实证化，它们仅仅是教育学科学化的个别组成部分，而教育学科学化的真实含义，实则是教育学为走向成熟与独立，在现代性的引导下，以学科研究方法的适切性为保证，以学科知识内容的有效性为直接目标，依照科学化的五个维度进行自我改造和自我完善的过程，是一个包括教育学研究对象专门化，基本概念、命题明确化，陈述方式严谨化以及框架体系合理化等方面在内的系统工程。

教育学知识科学化，从属于教育学的学科科学化，它将教育学学科知识的生产作为科学化的切入点，力图对通过科学性教育学知识的产出，以点带面地推动教育学的学科科学化。教育学知识的科学化和教育学知识的科学性既有区别又相互促进、互为条件。教育学知识的科学化表示一种过程，是产出具有科学性教育学知识的前提和方法，教育学知识只有通过科学化，才能使自身的科学性得到提高，教育学知识的科学性表示一种性质，是科学化了的教育学知识所表现出的性质，是教育学知识科学化的目标和结果，随着自身科学性的提高，教育学知识会对教育实践体现出更强的解释力和指导力，从而为教育学知识的科学化营造良好的外部氛围。

---

① ［德］汉斯·波塞尔.科学：什么是科学［M］.李文潮（译）.上海：上海三联书店，2002：244.

② ［英］弗里德里希·A·哈耶克.科学的反革命——理性滥用之研究［M］.冯克利译.南京：译林出版社，2003：6.

虽然教育学知识本身蕴含着“系统化”的要求，但由于教育学知识仅仅是构建教育学的知识要素，故而，教育学知识的科学化不可能涉及教育学的方方面面，它只能从教育学知识生产的维度来推动教育学的学科科学化。教育学知识是构成教育学整个学科的最基本要素，若以“点”、“线”、“面”的关系加以比喻的话，那么，教育学知识则是教育学当中的“点”，教育学学科框架则是教育学当中的“线”，而由知识和框架搭建起来的教育学则形成了一个完整的“面”。知识和框架对教育学的学科建设是缺一不可的，它们虽然互为因果，但却存在逻辑上的先后顺序。一般来说，教育学知识具有逻辑上的优先性，我们必须先有教育学知识，方能依据教育学知识的内容去构思教育学的框架，然而，教育学的框架一旦形成，就会对教育学知识产生“反作用”，它为教育学知识的划分、编排提供了最基本的依据和参照标准。

教育学知识的生产不单是知识自身的问题，它会涉及知识生产的主体（教育学的研究人员）、知识生产的对象（教育学的研究对象）、生产的方法（教育学的研究方法）、生产的成果（教育学的内容）等领域，而要产出科学化的教育学知识，就应当保证上述各领域都能以科学化的标准来约束和规范自己。科学化有多个维度，不同学科或者同一学科的不同发展阶段，需要被科学化的维度往往是不同的，这需要研究者在判断学科具体矛盾的基础上做出选择。教育学知识科学化针对的是教育学存在的现实问题，而当前制约教育学发展的最突出问题，还是集中表现为教育学的学科建设依然停留在外延式扩张的层面，将对其他学科理论和方法的引入作为学科发展的根本生长点，与此同时却缺少对学科已有内容的整合与深化，导致产出的教育学知识虽然数量不少，但却总显得有些不准确、不严密，较难产生对教育实践的解释力和指导力。所以，本文中所强调的教育学知识的科学化，其核心思想为如何使教育学的知识生产变得更加严肃和缜密，如何使教育学的知识内容变得更加清晰和准确，而后文所论述的教育学知识科学化的前提、方法以及教育学知识的科学化陈述都是围绕这一核心思想展开的。

（三）教育学知识科学化的限度

同科学化相一致，教育学知识科学化也是以现代性为理论依据的，它的初衷在于通过对教育学知识准确性和有效性状况的改善，来提高教育学常被教育实践者所诟病的解释力和指导力，并最终推动教育学发展为一门具有科学形态和独立学科地位的成熟学科。可见，教育学知识的科学化对维护教育学的学术声誉，沟通教育理论与教育实践的互动关系都有其积极意义。然而，自 20 世纪以来，科学已经不再是一个完全“受人尊重”的词汇，唯科学主义对人文精神的侵蚀，以及科学技术所表现出的负面效果，使得越来越多的人开始以怀疑、批判甚至否定的眼光审视科学，并由此在西方发达国家引发了旨在消解现代性，否定基础主义、本质主义、普遍主义的后现代思潮，教育学知识科学化的构想也随之受到了抵制。

科学只是一个用于说明一定自然或者社会现象的知识体系，它本身并未就归属于自然科学还是人文社会科学做出明确规定。然而，由于有很多学者惯于将科学化等同于自然科学化，将对确定性、精确性的追求等同于对人文价值和生命意义的消解，以致他们眼中的科学化似乎“除了冰冷的概念和死板的逻辑以外，很少看见对生活的火热之情和赤诚之心在字里行间漫溢和跳动，很难见到具体而切实的内容”，而通过“分析——还原”方法产出的教育学知识，“只追问‘什么’而不追问‘为什么’”，它“变成了一种纯描述的东西，使得以人作为关注对象的教育学把人放在自己的理论视野之外，在语言的表述上，所见到的只是逻辑的或科学的语言”。[①]

科学的发展需要勇于反思、勇于批判的科学精神。应当承认，科学不仅不是万能的，而且其中还存在着许多有待完善的地方，更何况对科学的过度迷信，对科学理论的不恰当运用，都有可能给人类社会的发展带来严重伤害。但是，科学毕竟凝聚着人类千百年来的生产生活智慧，代表着人类当前所能达到的最高认识水平，盲目否定科学的价值，排斥对准确性、精确性的求索，就如唯科学主义所表现出的极端化倾向一样，也是有失偏颇的，所以，“科学不会给我们找到永恒的规律，如同形而上学经过几百年的努力也未能建立一个所谓的‘永恒哲学’一样。形而上学未能做到这一点，我们不能就因此得出形而上学已经过时的结论；着眼于科学，‘后现代’的结论同样是错误的。我们不能因为科学没有找到永恒的规律，就认为科学中的陈述是完全相对的、不准确的。”[②]

基于现代性思想的教育学知识的科学化是最符合教育学实际发展状况和最

---

① 毛亚庆 . 从两极到中介——科学主义教育和人本主义教育方法论研究［M］. 北京：北京师范大学出版社，1999：211–212.

② ［德］汉斯・波塞尔 . 科学：什么是科学［M］. 李文潮（译）. 上海：上海三联书店，2002：245–246.

利于教育学学科建设的时代选择。[①]当然，教育学知识的科学化必须从教育学的学科发展的实际需要出发，坚持“适合”和“适度”的原则：

首先，教育学知识的科学化要“适合”教育学的学科特点与现实需要。一方面，不同于仅关涉客观物质世界的物理现象、化学现象，也不同于仅关涉主观精神世界的人生意义、伦理道德，教育现象是“人的尺度”与“物的尺度”、“合目的性”与“合规律性”的统一，这决定了教育学是一门“事实性”与“价值性”并存的学科，而对“培养人”的事实性研究和价值性思考则构成了整个教育学的核心内容：一方面，教育学需要基于人的身心发展特点对培养人的“合规律性”进行分析，主要通过“经验还原”的方法得出一些客观结论，而这一部分的教育学知识也会相应地具有“事实性”色彩。另一方面，教育学还需要基于人生的价值和意义对培养人的“合目的性”进行分析，主要通过“哲学思辨”的方法得出一些主观判断，而这一部分的教育学知识会相应地具有“价值性”色彩。教育学知识的上述特点，要求教育学知识的科学化绝不能完全倒向自然科学研究范式或人文社科研究范式的一端，而应同时兼顾对客观性、经验性内容的科学化和对人文性、意义性内容的科学化，使它们都能发展成为内容上准确、逻辑上自洽以及陈述上严谨的知识体系。再一方面，教育学在不同发展阶段往往会面临不同的问题，而这些问题本身又会有轻重缓急之分，所以，教育学的知识科学化要想更好地体现其效果，就应当针对教育学中现实存在的问题来“有的放矢”、“突出重点”地科学化。

其次，教育学知识的科学化要“适度”进行，防止陷于对自然科学的过度模仿。一方面，无论如何对其进行批判，我们都无法否认自然科学是迄今为止最为成熟的科学形态，而教育学要想成为科学，必然需要通过对自然科学的借鉴、模仿。当然，现代自然科学“是建立在以实证主义的方式消除主体的基础上，它的作为出发点的观点是：对象独立于主体而存在，并且能够如此地被观察和解释。关于一个以实验方法和验证程序被清除掉任何价值判断、任何主观曲解的客观事实的世界的观念，曾使得现代科学获得了巨大的进展”[②]。所以，自然科学与教育学这种“事实性”与“价值性”并存的学科显然有所不同，而这也要求学者对教育学知识的生产虽然要学习自然科学的相关理论和方法，但却不能对自然科学进行照搬照抄，过分依赖定量方法和数据分析，将本应具备

---

① 详见第二章“科学化的知识缘何必要——教育学知识科学化的价值分析”。

② ［法］埃德加·莫兰．复杂性思想导论［M］．陈一壮（译）．上海：华东师范大学出版社，2008：36.

的价值性思考排除在教育学之外。另一方面，教育学知识的科学化，离不开对准确性、严密性的追求，但这里的准确性和严密性，主要为的是教育学知识生产能够在对象、方法、陈述等方面表现得更加准确和严密，从而克服当前教育学研究中存在的随意化和模糊化的倾向。如果过分强调准确和严密，并将它们扩散到教育学知识从生产到内容的各个方面，反倒会在一定程度上抹杀教育学知识中那些人文性、意义性的内容。

第二章　教育学知识科学化的价值

作为人类认识世界和改造世界的产物，知识具有一定的主观性，它总会与知识生产者的情感、态度、价值诉求等人的主观方面联系在一起。纵观教育学的学科发展史，由于对教育学的学科性质以及功能定位认识的不同，学者们对教育学知识的生产呈现出了很多相互排斥的价值取向：在独立形态的教育学出现之初，它还多被理解为“把一切知识教给一切人的艺术”（夸美纽斯语），偏重于为教师提供直接可用的“工作手册”[①]，故学者们对教育学知识的生产仍然以教育经验的汇总为主；近代以来，“科学化”日渐成为教育学发展的主要趋势，可是因为所采用“科学化”方式的不同，学者们产出的教育学知识在其性质上各有侧重。以赫尔巴特为代表的一批教育学研究者将伦理学和心理学作为学科基础，构建起了哲学思辨色彩相对浓重的“普通教育学”，而以梅伊曼、拉伊为代表的一批教育学者则主要遵循自然科学的路向，构建起了注重实验、注重数据的“实验教育学”；及至现代，教育学建构的价值取向愈加多元，教育学的科学化趋势仍在继续，只不过学者们将重点由学科基础和学科方法的科学化转向了对包括知识陈述语言和知识呈现体系在内的学科内容的科学化。另一方面，由于唯科学主义的过度膨胀，人文精神受到了贬抑，科学日渐具有了“宗教化”的色彩，为此，有越来越多的学者对以科学化（尤其是自然科学）为其主要内核的“现代性”进行了深刻反思，在这样的背景下，以反对知识确定性、普适性及一元性为其主要特征的“后现代教育学”出现了，并成为一股影

① 石佩臣教授认为，教育学多年来一直面对来自理论和实践的双重责难。如果教育学专注于理论的建设，讨论教育的基本理论问题，则会有教育学脱离实际，毫无用处之批评；反之，如果教育学专注于研究思考解决教育实践中的现实教育问题，又被批评为教育学没有理论，不是科学，只是教师的“工作手册”。由此，石佩臣教授认为，教育学的未来发展必然是走向分化。分化的三种路向：一为教育的基础理论学科，二为应用学科，三为技术学科。（详见：石佩臣．教育学基础理论［M］．长春：东北师范大学出版社，1996.）

响当代教育学发展的重要力量。

由此可见，科学化只是自近代以来出现的一种较具代表性的教育学发展路向，它不仅不是学者从事教育学知识生产的全新方式和唯一选择，而且其本身也正在不断经受着来自后现代思潮的挑战和非议。所以，教育学知识的科学化对教育学的学科建设而言并不具有“与生俱来”的必要性，在回答“教育学知识的科学化何以实现”之前，我们首先有必要结合教育学的学科发展现状对教育学知识科学化的合理性予以证明。

一、教育学发展面对的“后现代诘难”

科学是现代性的核心，也是推动社会不断进步的主要动力。自启蒙运动以来，科学对人类社会的改造是极其深刻的，它不仅大幅提高了人类的实践能力，使我们的生产生活方式在三次科技革命的浪潮中发生了巨大转变，而且还增强了人类的认识能力，从根本上打破了宗教与皇权对理性的束缚，启蒙了我们的精神世界，使科学和民主的观念开始深入人心，并渗透到经济、政治、文化等社会生活的各个领域，以致有越来越多的人笃信，以追求规律为核心的科学精神和以追求功利为核心的世俗精神会最终为人们带来幸福。当然，现代性也并不全然合理，“现代性的演进过程是一个不断趋向合理化的过程。抽象还原、定量计算、准确预测和有效控制是它所遵循的基本逻辑”，“这个过程带来了规范和高效，但作为代价，人的丰满个性却被压扁。在生产系统中，人被还原为像标准部件一样可以随意置换的操作工具；在官僚系统中，人还被还原为无价值偏好的职能角色；在大众文化中，甚至艺术创作也服从于机械复制程序，成了标准化生产的文化工业”。[①] 伴随着人类对科学技术依赖程度的加深，倡导技术至上、效率优先以及价值无涉的工具理性日渐膨胀，唯科学主义的思潮喧嚣尘上，而现代性的上述弊端则在这样的背景下表现得愈发明显，在利用科学和理性打倒宗教之后，现代性又在一定程度上转变为了一种新的“宗教”，进而将科学和理性上升到了“本体”的层面，其中虽不排斥主体，但也只是强调主体在认识经验事实的过程中必须遵循严格的程序和方法，它们并没有对主体本身的情感、态度以及个人的存在价值、精神追求予以足够重视。

---

① 于伟．现代性与教育［M］．北京：北京师范大学出版社，2006：14.

针对这一局面，20世纪中叶以后，西方发达国家的部分学者对现代性率先开始了反思，并于60年代起形成了的一股旨在对现代性进行彻底批判的后现代主义思潮，它“是一种与现代思维方式不同的思维方式。这一思维方式是以强调否定性、非中心化、破碎性、反正统性、不确定性、非连续性、多元性为特征的。这与肇始于笛卡尔的以肯定、建设为特征的现代主义哲学形成了明显的对立”。[①]后现代主义内部尽管分为不同的流派，各流派之间的观点也莫衷一是，但它们的出现确实为现代性的完善和人类社会的发展提供了一些新的选择。

与社会思潮的总体演化趋势相一致，教育学当前的发展也需要在“现代性”与“后现代性”之间做出抉择。一方面，人类虽然早已产生了关于教育活动的认识，但教育学的成“学”之路却是在现代性所提倡的科学和理性精神的主导下发展起来的。自赫尔巴特尝试将心理学和伦理学作为教育学的学科基础，进而创立“科学教育学”，教育学由此踏上了“现代化”之路。此后，梅伊曼、拉伊、狄尔泰、索尔蒂斯、布雷岑卡等多位学者也都基于各自的立场对他们理想中的“教育科学”进行了建构，从而使当代教育学的构成愈加多元，教育学理论本身的科学化程度以及对教育实践的解释力和说明力也于其中获得了稳步提升。然而，尽管已被视为一门独立的学科，尽管已有如此丰硕的认识成果，但教育学的“现代化”进程其实依旧没有完成，它在研究方法、内容体系、学科话语等多个方面仍然存在明显缺陷，亟须被进一步充实和完善，因此，对教育学而言，现代性还是一个未竟的主题，它需要继续去完成“现代化”的使命。

另一方面，虽然教育学距离成为一门真正意义上的科学还有很长的路要走，但在后现代主义思潮的启示下，有很多学者已经对现代性潜藏的风险，以及由现代性主导的现代科学观进行了深刻反思，他们认为，现代科学观奉行的是基础主义（Foundationalism）、本质主义（Essentialism）、普遍主义（Universalism），受此影响，“人们往往追求客观的、普遍的、价值中立的科学知识，他们只要求回答两个问题：是什么（关于事实），为什么（寻求原理与规律）”[②]，科学俨然成为一种“太富攻击性的意识形态”，它所追求的普遍性、纯粹客观的方法以及对未来的控制和预测功能仅仅是一种“虚幻的理想”，但实际上，“科学知识只是我们认识世界的许多方式中的一种，我们决不能以近代

① 于伟. 现代性与教育［M］. 北京：北京师范大学出版社，2006：20.

② 申仁洪，张洪刚. 后现代科学观及其教育学意义［J］. 湖南师范大学学报，2004，(6)：106.

自然科学的知识和真理概念作为衡量我们一切其他知识方式的标准”。[①]从而，深受现代性影响的近现代教育学就要积极寻求“范式转换”——倡导叙事研究和质化研究，“开始由探究普适性的教育规律转向了寻求情景化的教育意义”[②]，即要消解教育学知识生产中的本质主义和基础主义倾向，反对当代教育学知识的客观性、普遍性和确定性，将那些旨在揭示教育现象本质的知识改造为具有建构性、社会性、情境性及复杂性的知识，实现教育学“后现代化”的转轨。

教育学的“现代化”主要针对的是那些尚处于“原始形态的教育学知识”[③]。在独立形态的教育学产生之前，教育经验即为可供实践之用的“知识”，它们虽然已经被研究者做了简单地抽象和提炼，但还大都停留于感性认识的层面，往往缺少严格的论证，它们或者依托于一些神秘的哲学理论（如柏拉图的教育理论即立足于“白板说”），或者来源于个人的实际经历（如孔子的《论语》就和他个人的从教经历相关）。而在现代性的框架内，“真正的知识”既不是神学的知识，也不是个人的生活经验或主观臆测，而是那些与客观事实相符且又得到逻辑证明的知识，是认识主体依靠理性对认识对象的本质属性进行全面、真实反映的结果，具有客观性和普遍性。为此，以现代性为基本思路的教育学知识生产过程追求的是研究方法的适切性、知识内容的确定性、话语陈述的严谨性以及逻辑体系的完整性，它旨在通过对教育现象的抽象分析，得到关于教育活动的本质性认识，从而为教育实践提供更加有效的理论说明和指导。近现代教育学的建构便是围绕上述几个维度展开的。

具体言之，第一，在方法层面，尽管“原始形态的教育学知识”和近现代体系化的教育学都会关注世俗生活中的教育现象和教育问题，但它们却遵循着几乎完全不同的知识生产方式，前者对教育活动的思考往往基于感性直观，既不大重视方法，也缺少对方法的使用（尤其鲜有自然科学的方法），知识生产主要是对日常教育经验的归纳总结，至多会采用一些逻辑推理的方式，后者对教育活动的思考则主要基于理性思维，它不仅将方法置于很重要位置，而且还引入了诸如实验法、调查法、数理统计等大量其他学科的研究方法，从而为研

---

① 刘济良．论后现代对教育科学研究方法的影响［J］．教育理论与实践，2000，（5）：3.

② 申仁洪，张洪刚．后现代科学观及其教育学意义［J］．湖南师范大学学报，2004，（6）：108.

③ 由于这一阶段教育学尚未产生，故而虽然有一些教育理论著作在功能上类似教育学，但也不大适宜为它们赋予“教育学”之名，称其知识内容为“教育学知识”，因此，笔者在这里将它们一并叫做“原始形态的教育学知识”。

究者深入了解教育现象及其本质提供了可能。第二，在内容层面，“原始形态的教育学知识”既然是对教育经验的汇总，那么就不免会带有经验的个体性和情境性，抽象程度自然较低，其结论并不容易达到普遍适用的效果。近现代体系化的教育学虽然同样发端于教育现实，而其本身又以教育经验作为知识建构的重要来源，但由于是对教育活动的学理思考，其中的大部分内容已经上升为对教育现象的本质性认识，往往具有较高的抽象化程度，它们并不局限于个人或者个别情境，在广阔的时空范围内都会是相对确定和普遍适用的。第三，在话语层面，“原始形态的教育学知识”对自身内容的陈述往往较为随意，其中不但没有形成统一明确的概念、范畴和命题，而且还充斥着大量日常生活用语，其话语陈述的逻辑性和学理性也还停留于较低水平。与之相对，近现代体系化的教育学所采用的陈述方式则更为专业和严谨，一方面，它已经形成了一套较为固定的概念、范畴和命题，用来作为教育学知识陈述的基本“构件”，任何教育学知识，总是需要通过这些专业化的概念、范畴和命题方能得到呈现；另一方面，它还十分注重话语陈述的逻辑性和精确性，尤其在当代分析哲学的影响下，教育学研究者对语言的使用显得更为审慎。第四，在体系方面，“原始形态的教育学知识”多处于零散化状态，而近现代体系化的教育学，则为了确保对其观点的自圆其说，会特别关注知识体系的问题，并将建构合理和完整的逻辑体系作为学科发展的重要目标，而国内关于教育学“板块论”讨论便是这一倾向的具体表现。

教育学的“现代化”之路对教育学的发展无疑有着重要意义，它不仅增强了教育学的学理性和规范性，使教育学由一个仅能提供有关教育的经验性认识的“知识领域”逐渐发展为了一门可以分析教育现象、探究教育规律的“学科”，从而实现了教育由“无学”向“有学”的深刻转变，还丰富了教育学的相关理论，完善了教育学的框架体系，使教育学对教育实践的解释力和指导力有所提高，从而实现了教育学由“学科”向“科学”的点滴升华。

然而，“现代化”进程中的教育学也存在着一定的理论局限，一则，“在基本理论层面上，基于对启蒙理性的充分信任，教育学建构了一套精致而又宏大的教育理论大厦，但大厦因其基础忽视了人的存在而成为一个形而上学的虚假体系”；再则，“在实用技术层面，教育研究执着于教学方法的发明，为各种外在的目的服务”，但因为“对所欲服务的目的缺乏思考”，以致“手段和目的分离”。[①] 随着20世纪中期后现代主义的兴起，这些潜藏于教育学现代化进程中的“隐忧”更是受到了越来越多的诟病及批判。后现代主义者认为，19世纪下半叶开始，面对自然科学的辉煌成就，整个社会对科学的力量都愈加崇拜和迷恋，随之而来，从现代性中逐渐演化出了一股强大的科学主义思潮，自然科学一跃成为唯一值得信赖的知识形态，并被视为评判知识合法性的唯一标尺，“科学既是知识合理性的评判标准，又是知识合法性的衡量尺度，唯有进入科学之域，知识才有合理性并获得合法性”，[②] 而自然科学的基本思想和方法也由此扩散到了人类生产生活的各个领域，“科学主义的重要特征之一是把科学方法泛化，把科学的方法普遍地引向存在的各个领域。在这种思想指导下，不仅自然，而且人生也成为科学方法作用的对象”，[③] 它总是以“物”的方式来把握人，在强调本质还原、规律探寻的同时，却轻视了做“人”的意义和价值，远离了人与众不同的个性和丰富多彩的生活世界。所以，尽管后现代主义内部众态纷呈，但都统一高举着反对现代性的大旗，“其中最重要的一点是对现代性的否定——对现代主义的一元论、绝对基础、唯一视角、纯粹理性、唯一正确的方法的否定，对现代个人主义、帝国主义、家长制以及西方文化中心主义的否定”，以及“倡导多样性，推重多元化”，从而“打破了传统哲学家和思想家们杜撰的关于世界的神话，用一个不确定的、开放的、复杂的、多元的世界概念取代了传统的给定的、封闭的世界概念，使人们能够直面真实的现实、真实的世界”。[④]

具体到我国的教育学研究领域，一些持有后现代思想的教育学研究者指出，作为一种以“本质范畴”、“本质信念”与“本质追求”为特征知识观和认识路线，本质主义构成了中国现代教育学思想基础，它在为中国教育学带来发展的同时，也带来了“严重的历史性后果”，主要表现在：“第一，诱导中国教育学者把教育研究置于一个虚幻的根基之上，为教育学者提供了错误的知识信念和方法论意识。第二，使中国教育学者忽视了研究过程中使用的方法、工具以及学术语言方面的有限性、人工性，助长了教育研究过程中研究者对于研究对象的自大狂以及‘镜式’隐喻和独断论的流行，阻碍了研究者对个人因素

---

① 李长伟．现代性危机与现代教育研究的困境响［J］．教育理论与实践，2000，（5）：9.

② 杨国荣．科学的形上之维［M］．上海：人民出版社，1999：6.

③ 刘济良．论后现代对教育科学研究方法的影响［J］．教育理论与实践，2000：（5）：3.

④ 王治河．后现代主义辞典［C］．北京：中央编译出版社，2005：10–12.

在研究活动中所起作用的反思和批判。第三，阻碍了中国教育学者形成开放、谦逊和民主的学术态度与研究意识，阻碍了教育学者理性品格、对话意识和批判精神的成长，将教育学研究引向一种封闭的和孤立的状态，引向一种感性与派性的表达与宣泄。……第四，导致教育学术界从符合论的立场来看待和研究教育概念问题，把教育概念的歧义或多义性看成是‘教育学之病’，甚至将本质问题的讨论引导到概念内涵与外延的抽象辨析之中，落入到俗称的‘概念游戏’之中。”①

造成当代教育学“合法性危机”的原因是极其复杂的，但正如有些学者指出的那样，其原因主要还是教育学在向“科学”发展的过程中，由于对“科学”理解的单一化，导致它过多地受到了自然科学研究范式的影响，首先，“教育学被技术理性化，成为实现效率、数量、速度等工业化理想的工具，缺乏人文关怀”，以致“教育学不再是一门以研究提升人的价值的力量为旨趣的学问，而是训练和加工人的工具，其高远的价值追求被消解得荡然无存”；其次，“教育学知识与生活分裂，一味以营造自己的学科体系为己任，无视教育实践的丰富性，缺乏实践色彩”，“这种逻辑上自足的教育理论体系在不知不觉中失去了本有的活力和文化批判精神”，它“不顾教育活动的本有特性而将其他学科的概念、范畴转化为教育学的语言，把自然科学作为自己的参考坐标，在目标确立、研究范式、评价标准乃至话语形式等方面都全方位向其看齐。”②

后现代主义对教育学“现代化”道路的批判自有其合理之处，这也正是它能够在教育学研究领域不断发展壮大的根本原因。后现代主义敏锐地觉察到了教育学在力争成为“科学的教育学”的过程中可能面临的风险，为近现代教育学对自然科学研究范式的过度沉迷和不加审视地模仿敲响了警钟，并为教育学的学科建设提供了一种新的思路，使学者们意识到教育学可以不必继续执着于“自然科学化”的道路，将成为一门像物理学、化学那样的“科学”作为本学科发展的唯一选择，而要保持自身独特的学科特性，去彰显教育活动中所需要的人文精神和人文价值，走一条尊重生活、尊重生命、尊重个性的道路。随着这种对现代性批判的深入，尤其是围绕着针对本质主义知识观的讨论，教育学中出现了以“多元”代替“一元”、“感性”代替“理性”、“意义”代替“规律”、“事实再现”代替“本质还原”以及“体系解构”代替“体系建构”的具

① 石中英．本质主义、反本质主义与中国教育学研究［J］．教育研究，2000，（1）：17-18.

② 刘旭东．“现代性”教育学的批判与反思［J］．西北师大学报（社会科学版），2007，（7）：40.

体做法，不仅有学者提出了重在“变革”的“反本质主义道路”，即“鉴于本质主义本身的逻辑缺陷以及它对20世纪中国教育学事业的消极影响，21世纪的中国教育学研究必须深刻地批判和彻底地抛弃它，树立新的反本质主义的知识观，走上新的反本质主义的认识论之路”，[①]还有学者提出了重在“改良”的“第三条道路”，即以“反思的现代性”去规避本质主义和反本质主义各自的弊端，“在包容现代性与后现代性合理要素的基础上，兼容知识的相对性、动态开放性、多样性与差异性、情境性、共识性以及不确定性六个维度重建了新型的知识本质观”。[②]

二、知识科学化：教育学积极应对后现代思维的现实选择

科学尽管不必然属于现代性，但科学和现代性之间却似乎保持着一种与生俱来的紧密关系：对科学的尊重和倡导是现代性的主要表现，也是现代性取得辉煌成就的根本原因，而科学化则是推动现代化、弘扬现代性的途径，科学自身也在现代化的过程中不断强大着。同理，具体到教育学研究领域，教育学的现代化以教育学知识的科学化（或者科学化教育学知识的产出）为目标和结果，而教育学知识的科学化则是教育学的现代化之路的一项基本内容和实现教育学现代化的主要方式。

现代性蕴含着对感性的怀疑及对理性的尊重。在它那里，从事物表象中获得的感性认识由于很难反映出事物的本质及其运行的规律，往往被认为是肤浅、易变和不可靠的，与之相反，理性认识却由于能够反映事物的本质，而被认为是真实可靠的，它们也由此可以作为人类参与实践活动的依据。所以，现代性视域中那些的“理想”的知识类型总会以理性主义和科学精神为其核心，它们重在呈现那些经由知识生产者所还原出的事物的本质，主要有三方面的特点，分别是“知识的绝对主义、知识的基础主义和知识的科学主义”。其中，“知识的绝对主义强调事物的本质是永恒不变的、唯一的和超越时空限制的；知识的基础主义强调任何事物都有其基础和要素，正是这些基础和要素构成了事物存在的本质；知识的科学主义则强调，理性是人们认识和发现事物的强大武

① 石中英．本质主义、反本质主义与中国教育学研究［J］．教育研究，2000，（1）：18.

② 石健壮，李森．论知识本质观的重建及其教育学意蕴——超越后现代的反思的现代性［J］．教育学报，2010，（2）：20.

器，人们正是通过理性才发现事物的绝对的、唯一的和永恒的本质”。[①]

教育学的科学化之路同样以知识的绝对主义、基础主义和科学主义为理论基石：首先，就知识的绝对主义而言，秉持着“科学化”信条的教育学研究者大都相信，教育活动是有本质也是有规律的。一方面，本质和规律是教育活动的“与生俱来”属性，并不是由外在力量强加给教育活动的，教育活动的参与者只能认识、顺应和利用这些本质和规律，却不能按照自己的偏好对其进行改造或者赋予新的内容；另一方面，本质和规律是教育活动的固有属性，是普遍存在和普遍适用的，其内容并不会因为时空条件的改变而有所不同。其次，就知识的基础主义而言，秉持着“科学化”信条的教育学研究者大都会将教育活动分解为诸如教师、学生、课程等不同要素，在他们看来，教育本质便潜藏于这些要素当中，研究者只有在分析这些要素的基础上，才有机会澄清教育活动的本质、析出教育活动的规律。再次，就知识的科学主义而言，在秉持着“科学化”信条的教育学研究者看来，探究教育本质和教育规律是教育学研究的目的，而对教育本质、教育规律的发现则必须借助于理性的力量，与之相对，感性却不能帮助我们达到对教育活动的深入认识，它只能为我们提供一些较为简单和粗浅的教育经验。

由此可见，以绝对主义、基础主义和科学主义为理论基石的教育学的科学化进程重在以理性探究教育活动的内在本质，重在以各要素的分析澄清教育活动的运行规律，重在以结论的客观性和普遍性来确保对教育活动认识的有效性，这些为我们深入剖析教育活动的基本属性和基本规律，建立一套对教育实践普遍适用的科学知识体系，以及指导我们更加合理、高效地开展教育活动提供了诸多便利。科学化也由此成为近现代教育学发展的基本主题，从而在推动教育学不断走向成熟的同时，还巩固和提高了教育学的学科地位。

自然，作为建构“科学的教育学”的主要途径，教育学知识的科学化也一样受到了很多学者的质疑，他们认为，“教育学的研究领域是人类精神运动与教化的活动过程与成果，这种价值领域的伦理性特点要求教育学必须是价值关涉的，必然关涉教育的意义世界的探问与对教育的理想境界的追求”，[②]但科学主

---

① 石健壮，李森．论知识本质观的重建及其教育学意蕴——超越后现代的反思的现代性［J］．教育学报，2010，（2）：22.

② 金生鈜．教育学的合法性与价值关涉——对元教育学的反思［J］．华东师范大学学报（教育科学版），1996，（4）：16.

义对教育学知识的渗透，深刻影响着教育学学科内容的建构，导致教育学在追求的知识客观化、语言精确化、理论实用化以及“以科学理论与技术实践的关系替代教育理论与实践的关系”的过程中，出现了自我的“合法性危机”。一则，“教育学追求客观规律的发现与客观知识的构造，并试图构造精确的逻辑语言，把此作为教育学理论可靠性与有效性的基础，但却遗忘了教育与人的丰富性与复杂性，遗忘教育学作为人文学科的叙事知识的特性，或者说它仅仅抽取事实，而遗忘了教育中的人”；再则，由于“以科学作为建立教育学合法性的基础的元话语”以及遗忘了“教育学的合理性之根”，“这种科学主义理论在教育学领域是不可能实现的，即建立客观的精确的教育学是不可能的”①

在一定意义上，学者们对教育学知识科学化的质疑不无道理。教育学知识的科学化的确有助于教育学的发展，但凡事有度，过犹不及，作为教育学知识生产的指导思想之一，过分强调教育学知识的科学化，抑或只偏重对教育学知识的自然科学化必然是有危害的。然而，随着后现代理论的流行，这种质疑之声得到了越来越多人的支持，教育学知识的科学化似乎正如其理论基础——现代性一样，已经走入了一个难以继续前行的“死胡同”当中。面对这一局面，我们不禁要问，难道近现代教育学对教育规律和教育本质的探寻已经变得不合时宜，抑或只有后现代思潮所提倡的相对主义、怀疑主义以及价值虚无主义方能消解当前教育学的学科发展困境吗?

对上述问题的回答需要回归教育学的现实发展状况。事实上，教育学发展至今日，虽然在知识内容、研究方法、学科体系等方面已取得了巨大进步，也比以往任何一个时期都表现得更像一门科学，但却并不像一些后现代主义者认为的那样，科学化在教育学研究领域已成为一个“过时”和“过度”的主题，进一步的科学化只会对教育学的发展造成伤害。相反我们应当看到，在已有成就背后，教育学还面临着很多突出问题，不仅理论的学理性和严密性尚未达到理想的预期状态，而且也并没有像它所承诺的那样（“教育学是分析教育现象，揭示教育规律的科学”），为教育实践提供强大的解释力和指导力。引发这些问题的原因有很多，但其中最主要和最关键的，还是在于教育学知识的科学化程度仍滞留于较低水平，它还很难被视作一种真正意义上的“科学知识”。因此，对教育学知识的现状而言，“科学化”只存在“不足”，却不存在“过度”

① 金生鋐.教育学的合法性与价值关涉——对元教育学的反思［J］.华东师范大学学报（教育科学版），1996,（4）：12-13.

的问题。换言之，即使后现代为我们提供了学科建设和学术研究的新思路、新视野，但继续以现代性作为教育学知识生产的理论基础，继续以科学化作为教育学知识生产的主要导向，无论对教育理论的建构还是教育实践的开展都依然有其必要和价值。笔者在此将其详述为以下三方面的缘由：

首先，从后现代主义理论的发展状况来看，后现代思想的成熟度还不足以成为教育学的理论基石。后现代主义理论是在对现代性“副作用”的批判中发展起来的，尽管它们以较为激烈的态度提出了要反对作为现代性根基的基础主义、本质主义、普遍主义，并主张在学术研究和日常生活中秉持非中性心化、非连续化、多元化以及复杂化等理念，但实际上，后现代并没有对现代性加以实质性地颠覆，也并没有对现代性被“解构”之后的世界提出建设性的意见，“由于依附在现代生活上，后现代就只能是对现代生活的一种非对抗性的批评（反讽）、非革命的冲突（解构），因为假如现代社会崩溃的话，后现代的观念并不能也不足以成为建立另一个社会的根据，后现代暴露了现代制度的各种缺陷……可是知道什么是坏的并不等于知道什么是好的”。[①] 所以，依附于现代性的后现代思想并未见得有比现代性的高明之处，与其说它终结了现代性的发展，倒不如说它是现代性的一面镜子，为现代性提供了认清和反思自己的机会。“与现代性相比，后现代主要只不过是一种陈述方式，加上某些表现性的或表演性的实践方式”，它“不是一种独立的生活，甚至不是一种独立的思想。后现代只是现代性的一个寄生现象”，[②] 它仅仅为现代性对科学和理性的盲目推崇敲响了警钟，却并没有开启一个新的时代主题。更何况后现代本身也只是众多反对现代性的思想流派的“统称”，它们彼此间也还存在着不小的矛盾与对立，这使得后现代思想其实一直都还缺少稳定、明确的思想内核，而且，它有时所采取的反对现代性的方式，恰恰是它所反对和批判的。[③] 所以，就目前而言，后现代还尚未真正完成对现代性的超越，它只是一种由现代性所衍生出来

---

① 赵汀阳．没有世界观的世界——政治哲学和文化哲学文集［M］．北京：中国人民大学出版社，2010：221.

② 赵汀阳．没有世界观的世界——政治哲学和文化哲学文集［M］．北京：中国人民大学出版社，2010：221.

③ 譬如，后现代提倡思想和方法上的多元化，美国学者费耶尔阿本德甚至提出“怎么都行”（后文将会论及）的方法论主张。然而，如果真的可以多元、真的可以“怎么都行”，那么后现代便没有必要去批判同样作为思想体系的现代性。但事实却是，发端于现代性的后现代一方面在呼唤着思想的多元化，另一方面却对现代性展开了抨击，这显然不符合后现代的思想主张，也无怪乎我国学者赵汀阳指出的那样，“后现代只是现代性的一个寄生现象。简单地说就是，后现代必须吃现代的饭，但它可以嘲笑吃现代饭这件事”。（见赵汀阳．没有世界观的世界——政治哲学和文化哲学文集［M］．北京：中国人民大学出版社，2010：221.）

的“反思性的现代性”，或者说，尚没有足够的证据可以证明后现代是一些比现代性更加优越和合理的思想主张，其成熟度还远不足以成为时代的主题。加之研究者如果真能在科学化进程中保持审慎的态度，那么极端的科学主义必然不会扩散到教育学研究领域，也不会对教育学的发展带来消极影响，故而，在当前的时代背景下，我们仍有必要继续遵循现代性的基本理念，努力推进教育学知识的科学化。

其次，从教育活动本身所具有的确定性来看，后现代思想的基本主张并不利于探究这些确定性。教育作为社会中专门培养人的一类实践活动，其参与者是具有主观能动性的“人”，它自始至终都会受到人类主观意识的影响，但这并不就是说教育活动是主观的，人类完全可以按照自己的意愿对其进行创造和改变。一方面，教育活动的产生绝非人类凭空想象的结果，它的出现是人类在发展到一定阶段后，传递生产生活经验的必然要求；另一方面，就教育活动的发展而言，尽管人类可以认识教育活动，并利用认识的成果去干预教育活动的发展，但教育活动一经出现便会形成并遵循一定的运行规律，而这些规律又是不被人主观意识所决定的。教育活动的上述特点表明了教育活动并不像后现代主义者认为的那样，是复杂、随机和无规律可循的一类活动，恰恰相反，教育活动是有本质和规律的一类客观性的存在，通过了解这些本质和规律，可以为我们参与教育活动提供更多认识上的指导，也可以使我们的行动变得更加目的明确、有理有据。反观后现代主义影响下知识观，却不仅不赞成对事物确定性的分析，而且还否认事物具有本质和规律，提出“任何一个追求某种事物的本质的人都是在追逐一个幻影”①。与此同时，后现代知识观还认为人类对事物的认识过程总是相对和主观的，在它看来，“每一个人在获得知识的过程中都会添加自己的理解，都要对事实进行不自觉的加工。知识是每个主体对事实进行阐释和界定的结果”，所以，“知识不是对现实的纯粹客观的反映，而是人们对客观世界的一种解释或假设，对事实的理解是多元的而非一元的，知识是不确定的”。②无疑，人类的认识活动必然会受到主观意识的驱使，教育学亦不例外，只有那些对教育学研究者有价值、有意义的内容才会成为他们关注的对象，而不同的研究者又会因为个人研究旨趣的差别而去关注不同的对象或者同一研究

① ［德］施太格缪勒．当代哲学主流（上卷）［M］．王炳文等译．北京：商务印书馆，1986：593.

② 申卫革．后现代知识型观照下教育学知识的实践转向［D］：［博士学位论文］．西安：陕西师范大学，2007：40.

对象的不同成分，这正如马克思·韦伯指出的那样，“科学天才用以关联研究对象的种种价值将能够规定整整一个时代的‘见解’：也就是说它们不仅决定现象中哪些是‘有价值的东西’，而且也决定现象中哪些是有意义的东西或无意义的东西、‘重要的东西’和‘不重要的东西’”。[①]然而，研究对象选择的“价值有涉”性，其实并无妨于后续研究过程和研究结论的“价值无涉”性，通过缜密的研究设计，我们虽不能排除研究对象选择的主观性和相对性，但却依然能够形成对研究对象的确定性认识，揭开（或还原）事物的真实面貌。因此，后现代思想不仅不符合教育活动的现实存在状况，而且还过分夸大了主观性和相对性对我们探究教育活动本质可能造成的阻碍，在教育学研究中容易引起强烈的怀疑主义和不可知论，故而，我们依然有必要和有可能将以探寻教育本质和规律为其使命的教育学知识的科学化继续下去。

再次，从教育学当前所处的发展困境来看，后现代思想并不能解决这些问题。20世纪中叶以后，伴随着新的哲学思想的出现以及研究方法论的丰富，教育学的发展又进入到了一个高峰期，在一批哲学家、心理学家、社会学家和教育学家的联手努力下，文化教育学、语言分析的教育学、批判教育学、存在主义的教育学等教育学流派纷纷登上了历史的舞台。相对于欧美一些发达国家，我国的教育学尽管起步较晚，但在改革开放后，通过对西方教育理论借鉴学习，也迅速获得了长足发展，并在近些年开始将学科建设的重点置于西方教育理论的本土化以及本土教育学的建设之上。与此同时，在这些成就的背后，中西方教育学的学科发展也还共同面临着一些“成长中的烦恼”，譬如学科性质不明确、学科研究对象模糊、学科独立性差、学科体系僵化等自教育学产生之日起便已存在的痼疾依然羁绊着教育学的成熟与完善，教育学总是需要借助于其他学科的理论和话语方能表达自己的思想，“有关教育问题的讨论，因缺乏知识基础，使得一种令人满意的教育理论一直没有出现，并导致教育理论的研究过分地依赖于业已形成的那些知识体系，尤其是哲学、心理学和社会学”，[②]而教育学的结论也总是不能给教育实践者以真实可靠的感觉，很难对他们遇到的问题给予积极回应。这些都迫使教育学不得不长时间居于“次等学科”的地位，“在科学发展的历史与现实中，在科学及学科的范畴与门类中，教育科学不被视为一个名副其实的称谓，教育学没有一个名正言顺的位置。更多的时候，

① ［德］马克思·韦伯．社会科学方法论［C］．韩水法，莫茜译．北京：中央编译出版社，2008：5.
② 梅里尼·唐尼等．教育的理论与实践——引论［M］．王箭等译．南昌：江西教育出版社，1989：1.

它被排除在科学的大雅之堂之外，即便是偶尔被提及，也不过是被视为一种附属性的存在，并不时地遭遇鄙视与怀疑的目光”。[①] 造成上述问题的原因有很多，但其中最关键的一点，还是在于教育学知识远没有实现现代性所要求的确定性、精确性和严谨性，以致它在知识内容、学科体系以及研究方法方面存在着很多似是而非的地方，无统一观点、无固定结论、各说各话、各行其是的现象在教育学中并不少见。在这种情况下，如果我们仍坚持按照后现代思潮的基本主张去建设教育学，不追求结论的确定性、普适性，不追求话语陈述的精确性、严谨性，而只是一味用激情的批判代替理性的思考，用未置可否的开放性观点代替固定的结论，用诗意化的语言代替准确的陈述，那么教育学的学理化程度就只能停留在一个较低水平，就很难发展为一门真正成熟的学科，教育学知识不伦不类，既缺少学理性又缺少实用性的局面就无法得到根本改观。由此可见，现代性（可能）所引发的“教育学存在的合法性危机”其实仅仅是存在于近现代教育学演化过程中的次要矛盾（或者仅仅是“想象”出来的矛盾），而教育学当前面临的现实困境，不仅不是过度科学化的结果，反而恰恰是源于自身科学化的不足。所以，后现代思想虽然有合理的地方，但却并不适用于解决教育学当前遇到的问题，而科学化则将在很长时间内都会是教育学知识生产的基本主题和需要为之努力方向，它符合教育学巩固独立学科地位和提高学科成熟度的利益诉求。

三、知识科学化：教育学走向实质繁荣有效路径

东西方虽然都产生过有关教育活动的认识，但学科形态的教育学却肇始于西方。如果将“教育学”称谓的出现和夸美纽斯《大教学论》的问世作为教育学发端的标志，[②] 教育学已经走过了将近400年的时光，即便将这一时间段缩小，仅对由赫尔巴特所开启的教育学的科学化历程进行考察，教育学也历经了200多年的风风雨雨。所以，教育学并不是一门“年轻”的学科，它有着漫长的发展历程，并在人类的文化知识宝库中留下了浓重的一笔。然而，不得不

---

① 郝德永．教育学面临的困境与思考［J］．高等教育研究，2002，（7）：23.

② 就目前的历史材料来看，“教育学”这一概念最早是由英国思想家培根提出的，他在1632年的《论科学的价值和发展》中首次将教育学作为一门“指导阅读”的学科单列出来。尽管如此，这一时期的教育学还不能称之为真正意义上的“学”，它也没有从哲学中完全独立出来，只是具有了“教育学”的称谓。

承认的是，长时间的积淀并没有推动教育学完成由稚嫩向成熟的华丽蜕变，它的发展速度和成熟程度已远远落后于几乎和它诞生于同一时代产生的社会学、文化学等学科。迄今为止，教育学不仅仍难算作是真正意义上的科学，而且它本不牢固的“独立”学科地位在对其他学科的“照搬照抄”中更加显得岌岌可危，甚至有学者干脆直言不讳地指出：“在讨论学科问题的真正学术著作中，你不会找到‘教育学’这一项目。”①

我国在教育学领域属于的后发国家，直到清末始将教育学引入国内。较之于西方发达国家，由于缺少研究传统和必要的理论准备，我国教育学的发展模式并不是“内发型”的，它更偏重于对外来理论尤其是英美苏德等国教育理论的译介、学习和内化，这决定了我国教育学在发展初期，其研究内容和研究范式的演进常需要通过新的西方教育学的模仿来完成。从清末到上世纪60年代以前，我国虽然引入了很多来自不同国家学者的教育学著作，但总体来看，我国教育学的“外铄型”发展道路依次经历了学德、学美、学苏三个前后相继的阶段，在此过程中，我国教育学的理论日渐丰富，并在研究方法、话语体系、学科框架等方面取得了相应的进展。改革开放以后，我国教育学的学科建设翻开了一页新的篇章，一方面，尽管重要性有所减弱，但“外铄型”仍然是我国教育学发展的主要方式之一，而且随着视野的开阔，我国的教育学研究者译介了更多国家和更多学者的教育学著作，这为我们借鉴先进西方教育学学科建设的经验打开了方便之门；另一方面，历经长时间对国外教育学的学习，“从80年代中期以后，我们才把注意力渐渐扭转过来，思维转向我国教育学的本土化上。‘本土化’不同于‘中国化’，中国化追求的是独一无二的特色，是中国特有的东西；而本土化是在关注到国外教育学的同时，将其与本国的实际联系起来，成为一种新的教育理论体系”。②

在本土化诉求的影响下，我国的教育学研究者纷纷投入到了对“本土教育学”的建设当中，由此，从20世纪90年代开始，我国教育学的发展进入到了新中国成立以来最为辉煌的时期，学者们不仅编写了大量的教育学著作（仅以“教育学”、“教育原理”、“教育学原理”命名的书籍便不下百种），还产出了琳琅满目的研究成果，发表了难以其数的教育学类文章。但是，如若仔细观察，便会发现这一番“如火如荼”的繁荣景象，似乎对我国教育学学科成熟度

---

① ［美］华勒斯坦等．学科·知识·权力［M］．刘健芝译．北京：生活·读书·新知三联书店，1999：1.

② 瞿葆奎，郑金洲．中国教育学百年［M］．北京：教育科学出版社，2002：265.

及独立学科地位提高并没有带来实质性影响：一则，从教育学的内部，即教育学自身的理论建设状况来看，一般说来，教育学既然能发展成为如此繁荣的局面，即便还不完全算是严格意义上的科学，但也应当有了较高的科学化程度，不会在内容、语言、体系等方面存在太多的纰漏，但与我们的预想背道而驰的是，我国的教育学还仍处于非常不成熟的状态，抛开教育学著作千人一面的状况，仅就书中涉及的知识内容而言，它们不仅对一些教育现象分析得不透彻、解释得不准确，甚至在很多关系着“学科安身立命之本”的问题上（如教育学的研究对象是什么、教育学具有怎样的学科性质、教育学的研究任务是什么等），也表现得模棱两可、不置可否，不能就同一问题给出一个确定无疑的共识性结论；再则，从教育学的外部，即教育学对教育实践的作用力来看，相对于卷帙浩繁的教育学著作以及体系庞大的教育学理论，教育学对教育实践提供的支持是非常有限的，教育学研究者多关注“纯粹概念研究”，往往“漠视实践问题，缺乏实践意识”，“用外来的理论去诠释中国实践”，并试图用“自己在书斋中构建起来的理论去‘框定’实践中形形色色的行为，让实践的多样性‘就范’于抽象的理论”，这便导致教育学理论“庞大的数量与其解决教育实际问题特别是教育实践问题的质量相比不成正比”，[①] 本应为教育活动参与者提供理论支持的教育学在教育活动中却显得愈发无力和苍白。

量的积累是质的升华的前提条件，但如果只看重数量的增加，而不顾对这些新增内容加以优化、整合，那么质的跨越式发展便依然不会发生，这同样适用于教育学“量”与“质”的关系。尽管是非常重要的外在指标，但教育学的“繁荣”绝不仅仅局限在教材著作的大量出版、课题经费的大规模投入以及发表文章数量的激增上面，归根结底，教育学的生命力在于解答教育实践中的最基本和最一般的问题，并为教育实践提供理论上的说明与指导，如果不能真正提高对教育实践的解释力和说明力，不能真正改变自身不严谨、不精确的状况，那么，即便有再多数量的经费和成果，教育学的繁荣也只是一种“虚假的表象”，而这恰恰是我国教育学当前发展所面对的尴尬处境。

教育学的发展是一个长期的历史过程，随着时空环境的变迁，教育学学科建设中的主次矛盾会经常性地发生转变，所以，对教育学的学科建设而言，很难有一种永远适用的指导思想，我们也总是需要根据教育学在不同时代遇到的

---

① 郑金洲．中国教育学研究的问题与改进路向［J］．教育研究，2004，（1）：22.

不同问题来改变教育学的发展策略，从而始终保持问题解决的思想和方法总能与所要解决问题相匹配。作为优化教育学知识生产和推动教育学学科建设的一种途径，教育学知识的科学化是近代以来才出现的，它所针对的主要是原始形态教育学知识经验化、模糊化的弊端，为的是推动从教育经验、思辨哲学中发展起来的教育学能够更加在知识内容、话语陈述、研究方法等方面表现得更加严谨和准确，因此，教育学知识的科学化并不是一把“万能的钥匙”，它不可能也没必要去解决教育学在其发展过程中所遇到的一切问题，而教育学知识科学之所以能够成立，还是由于它抓住了当前教育学学科建设的主要矛盾，为我们消解教育学现实发展困境提供了最佳选择。具体而言，教育学知识科学化对教育学走向实质性繁荣的效用主要体现在以下三个方面：

第一，教育学知识的科学化有助于澄清教育学中的基本问题，为教育学的繁荣扫清认识上的障碍，提高教育学的成熟程度。但凡学科的发展，总是“内涵”的深化与“外延”的拓展，前者意指该学科对学科内的一些基本问题与核心思想进行进一步的梳理和澄清，从而使他们更加条理明确，后者意指根据实践的新变化，发现新的理论生长点，生产出新的学科知识，从而使学科的内容更加丰富多样。教育学是一门正在不断发展中的学科，随着教育实践的丰富，教育现象的复杂程度、多样程度也越来越高，教育学也因而在这些年遇到了很多新问题和新挑战，相应地，它的理论也在对问题的解决中得到了快速拓展。然而，与教育学这种“外延”发展的繁荣形成鲜明对比的是，一些困扰教育学发展已久的学科基本问题却始终没有得以澄清，譬如教育学是不是一门科学，教育学的研究对象是什么，教育学有没有独特的研究方法，教育学的逻辑起点等都存在着很大争议，教育学研究者们尚没有就这些问题达成共识。尽管为推动学科外延的丰富，为教育学增添新理论、新方法的行为是无可厚非的，但问题在于，在当前的教育学学科建设中，很多存在疑问的学科基本问题都被有意无意地规避了，学界往往对它们“存而不论”，这就如同将华丽的大厦坐落在本不牢固的地基上一样，如果总对这些学科基本问题采取或“视而不见”或“搁置争议”的态度，总不试图就它们给出明确答案，总不努力就它们形成统一认识，那么，教育学的理论大厦势必是岌岌可危的。试想，当一个标榜自己已经是“科学”的学科，甚至还不能确定自己的研究对象到底是什么，相比于其他学科它的研究对象的独特性又何在，那么，这样的学科即便有庞大的理论体系和难以计量的研究成果，也很难称之为一门真正成熟的学科。教育学知识的科学化，从教育学的知识要素着手，首先着重解决的就是教育学的学科基本问题，也只有这些基本问题得到澄清，方能产出科学化的教育学知识，所以，推动教育学知识的科学化，对解决教育学学科中悬而未决的问题、对教育学“内涵”的深化是有其积极效用的。

第二，教育学知识的科学化有助于保持教育学独立的学术品性，使教育学不致沦为政治、经济的附庸，提高教育学的学理化程度。究其实质，教育学是研究者思想的产物，它不可能不受社会中政治、经济、文化等因素影响，也不可能不为政治、经济、文化服务。然而，教育学毕竟是一门旨在进行学术研究和学术探讨的学科，它又需要保持自身相对的独立性，不能完全依附于政治、经济的力量，否则，假若仅仅按照政治、经济的逻辑去生产教育学知识，教育学就会变得“没有从自身的问题出发，从学科发展的内在逻辑出发，也没有科学地研究教育问题”。[①] 相比于西方国家，我国教育学的发展道路显得尤其坎坷，它不仅由于起步较晚而缺少对教育学的原创性，而且还在学科建设中总会受到政治、经济等外力因素的影响，甚至在一定的特殊时期内，教育学还曾被扭曲为“教育政策汇编”的形态，完全沦为政治的附庸。我国教育学自近代以来的发展史启示我们，教育学知识科学化所倡导的独立自主的精神和科学理性的态度是何其重要，如果教育学知识生产不顾及学科发展的实际需要，不尊重学术研究的独特品性，不关注对自身理论的建构，而只是盲从于政治和经济的需要，在教育政策和经济利益面前表现得亦步亦趋，那么教育学就依然成为不了一门受人尊重的学科。

第三，教育学知识的科学化有助于教育学更深入地把握教育实践，提高教育学对实践的解释力和指导力，维护教育学的学术声誉。由于教育学重在分析有关教育活动的相关理论，并不属于完全的应用学科，故教育学无须变得像“教育活动的说明书”那样，事无巨细地告诉我们教育活动每一环节的具体操作步骤和操作章程，然而，这并不就是说教育活动可以脱离开教育实践，在对概念的“玩味”中建构一套缺少实践根基的理论体系。事实上，教育实践始终是教育学发生发展的动力源泉，它只有扎根于教育实践，方能体现其价值和延续其生命力，所以，“教育学因应教育实践的需要产生，其基本任务是，揭示教育实践的规律，为教育实践活动提供积极价值和科学基础，使其在正确的方向

① 阎亚军．中国教育学知识生产方式的反思与重建——从研究者的角度看［J］．贵州师范大学学报（社会科学版），2008，（6）：111.

上更有效率。”[1]当前教育学实用价值的匮乏，很大程度上是由于教育学所揭示出来的教育本质与教育规律在数量过少的同时，还存在着严重的“说不清，道不明”问题，[2]它们既不容易被教育实践者所理解，也不能为教育实践者所用，导致理论和实践之间出现了巨大鸿沟，教育实践者对教育学知识的效用愈发没有信心，甚至开始排斥教育理论；而教育学也受限于对实践解释力和说明力的不足，不仅形成不了对教育实践的理论引领，自身的学术声誉还备受影响。所以，教育学要想维护自身的学科名誉，消融与教育实践之间的壁垒，当务之急还是要进一步强化它对教育活动中确定性因素的探寻，剖析决定教育活动发生发展的教育本质和教育规律，而这恰好暗合了教育学知识科学化的核心诉求。

① 马凤岐．教育实践的特性与教育学的科学化［J］．教育研究，2009，（11）：22.

② 仅以“教育要与生产劳动相结合”这一常见于《教育学》教材的规律为例，作为一条规律，它并没有清楚地说明规律适用的条件、可能产生的结果等内容，而是以一种“普遍性”的口吻对其进行了表述，似乎该规律在一切条件下都是有效和必须遵循的。规律的发生是有条件的，同理，“教育要与生产劳动相结合”尽管是一条规律，但它也要在一定的情境中方能发挥其效用。如果不论规律的前提条件，只是一概而论的应用规律，同样是违背规律的行为，会对教育实践造成伤害。

第三章　教育学知识科学化的前提

教育学知识通过概念和命题系统把握教育实践，虽然属于认识论范畴，但教育学知识却非凭空“捏造”出来的，它是人类主观意识对教育客观现实的能动反映，可靠的教育学知识总是能真实地描述教育事实并正确揭示出隐藏在其中的教育规律。所以，教育学知识是被“发现”出来，并反映在头脑中的教育客观存在（包括教育事实和教育规律），它对教育活动具有解释作用，能够帮助个体形成对教育问题的认识；并且，教育学知识是可以被使用的抽象认识，它是教育学者对教育实践及教育学自身深入思考的结果。主体可以以教育学知识指导教育实践，解决教育活动中的问题。

教育学知识效用的发挥，不仅要求作为外因的知识使用者有着充足的知识储备，能够清楚地认识教育学知识的内容、使用条件及适用范围，更要求作为内因的教育学知识本身有着相对确定、完整的知识内容及知识结构，能够对教育实践抑或教育理论中出现的问题准确地予以回应。而教育学知识科学化，即是从知识效用发挥的内因着手，旨在通过对当前教育学知识内容的进一步澄清与完善，最终以科学化教育学知识的产出来确保教育学知识本身的公信力和实效性。

作为架构教育学学科体系的“知识要件”，教育学知识的产出总会受到某一时代教育学研究范式、研究者主观意图及相关学科发展水平等因素的钳制，这决定了教育学知识的科学化过程绝不会一蹴而就，它需要在长期的历史积淀中方能实现，然而，这样的论断并不能成为我们借以回避教育学知识现有缺陷的“盾牌”。必须正视的是，当前我国学者所产出的教育学知识，有很多不尽如人意的地方：就学科地位而言，教育学知识的内容依然缺少足够的理论深度，其学术性和独特性并未被充分认可，这是一个自教育学诞生以来便始终无法得到有效解决的问题。就实践意义而言，教育学知识还缺少应有的说明力和指导力，教育学知识生产的一派繁荣局面下，隐藏的却是教育学知识与教育活动参与者现实需要的脱节，以及对教育实践影响力的式微。

以上问题的出现，主要源自于教育学研究者对教育学知识生产的偏差，这集中体现在三个方面：一是教育学研究者对“教育学的学科研究对象是什么”，即教育学知识“从何而来”的问题的回答还模棱两可，教育学知识科学化的前提需要被进一步澄清；二是教育学研究者对研究方法的选用还存在随意化的倾向，教育学研究中到底应坚持“问题取向”还是“方法取向”的争论仍在继续，即教育学研究者对教育学知识“何以形成”的问题还没有很清楚的界定，教育学知识科学化的方法论需要被进一步澄清；三是教育学研究者在对教育学知识的陈述中存在着“学理性偏弱”、“陈述方式混乱”的缺陷，即教育学研究者对教育学知识“何以表达”的问题仍然存在疑问，教育学知识的科学化陈述当如何实现需要被进一步澄清。

教育学若要赢得足够的尊重，就不能再满足于“似是而非”的存在状态，而要做自我反思和批判，深入研究“教育学到底研究什么、到底揭示什么、到底采用何种方法、到底该如何言说”等问题，以形成科学化的教育学知识。对教育学知识“从何而来——何以形成——何以表达”的追问，即为“教育学知识科学化的理性省思”。

一、研究对象——教育学知识的来源

教育学知识是教育学研究者在对教育学研究对象的研究中产生的，因此，教育学知识萌发于教育学的研究对象。而解答教育学知识从何而来，对教育学知识科学化的前提进行反思，即是澄清教育学的研究对象问题。

教育学的研究对象是教育研究者生产教育学知识无法规避的“思维原点”，也是教育学知识科学化得以实现的一个“根本性问题”。其一，但凡科学研究，就总是需要“有的放矢”，其中，“的”即为研究目标，“矢”即为达成目标的研究方法，尽管二者对科学研究而言都是必不可少的，但也只有先确立了“矢”所要射向的“的”，方能由此选择更加适合于研究目的的“矢”。因此，无论是自然科学、社会科学还是人文学科，其研究活动皆始自于研究对象的确立，只有在研究对象确定之后，我们才能以此为出发点，根据研究对象的内容和特点选择适宜的研究思路及研究方法。其二，不同学科的研究对象往往是不同的，数学有“数量关系和结构关系”，化学有“物质的组成、结构和性质”，生物学有“生命现象”等，它们作为学科关注的“特殊矛盾”，体现了学科存在的特殊价值，而“科学研究的区分，就是根据科学对象所具有的特殊的矛盾性”，“如果不研究矛盾的特殊性，就无从确定一事物不同于他事物的特殊的本质”，“也就无从辨别事物，无从区分科学研究的领域”①，因此，研究对象向来是划分学科的最主要依据，“总体说来，以研究对象为分类标准一直是科学分类的主流，由此在大体上形成了框架。从最大或基本部类来说，一般而言，英、法传统把科学分为自然科学、人文科学、社会科学；德国传统把科学分为自然科学和精神科学。两者有异曲同工之处”。②其三，作为整个学科研究对象的那个“事物”，往往并不是现实生活中的某一个特别具体事物，它是从众多具体研究对象中概括出来的一个更为抽象和更为一般的“对象”。③学者对学科研究对象本身的认识属于抽象化程度较高的“元认知”，而这种“元认知”只有在学科发展到相对成熟的阶段才会产生，是学科自我意识不断增强的产物，所以，并不是所有的学科都会关注自己的研究对象问题，也并不是所有的学科都能对自己的研究对象到底是什么给予很明确的回答。大体上，成熟学科对本学科研究对象的认识往往是清晰稳定的，而不成熟学科对本学科研究对象的认识则大都处于模糊不定的状态，由此可见，研究对象是评判学科发展水平的重要“标尺”，它在很大程度上体现了一个学科有无自我意识和有多强的自我意识。综合以上三点可以看出，研究对象不仅作为学科划分的主要依据彰显着一门学科的独立地位及其所属知识的独特存在价值，还作为衡量学科是否成熟的评判标准体现着一门学科所属知识的发展程度。该论断同样适用于教育学。一个内涵明确、边界清晰、涵盖面广的研究对象对教育学建构自身独特的知识内容以及架构合理的知识体系向来是不可或缺的，它体现了教育学知识之为“教育学专属知识”的特性，并从根本上制约着教育学知识的性质、内容以及生产

---

① 毛泽东选集［C］：第1卷.北京：人民出版社，1991：309.

② 唐莹，瞿葆奎.教育科学分类：问题与框架——《教育科学分支学科丛书》代序.元教育学［M］.唐莹.人民教育出版社，2002：3.

③ 以数学为例，正数、负数以及物体的面积、体积、空间位置等内容都是数学研究会涉及的问题，它们可以被看作数学学科中单独一项研究的研究对象，但却因为较为具体而不能涵盖整个学科的研究内容，所以自然也无法成为整个学科的研究对象。与之相对，“数量关系和结构关系”则具有着很高的概括性和抽象性，它们涵盖了整个学科每一项具体的研究内容，而且还可以体现出数学的学科特性，所以它们被视作数学的研究对象是合理的。

这些知识所需要的方法，是构建科学化教育学知识的出发点。

教育学的研究对象是教育研究者生产教育学知识必须回应的“理论盲点”，也是阻碍教育学知识科学化进程的一个“老问题”。在教育学成为一门独立学科后的很长一段时间内，尽管有大批教育学研究者对教育目的、教学方法、学校管理等问题提出了很多富有建树的理论，但他们却很少就这些理论产生的逻辑起点，即教育学的学科研究对象进行审视，以致教育学发展初期的大多数相关著作都缺少对教育学研究对象的抽象性概括。[①]20世纪以后，随着教育学知识内容和知识体系的不断完善，以及对教育学自身而非教育实践为认识对象的“元教育学”的兴起，以布雷岑卡为代表的一批教育学研究者开始认识到了界定教育学研究对象的重要性。如布雷岑卡便曾指出：“教育科学研究的对象在那里？最简单的答案就是：在教育中。然而，这也仍然是一个不确定的答案，因此只是暂时的。……教育科学为了解决自身的问题而要利用寓于其他科学中的认识，恰恰由于这一点，特别重要的是，教育科学要尽可能清晰地界定其独特的研究对象，要尽可能清晰地确定它与其他与之密切相关的科学的对象之间的界限”。[②]为此，他将教育学的研究对象归纳为了“教育科学对象包括教育者与受教育者之间的关系，给他们设定的教育目的与在特定的情境下这些受教育者达到这些目的所需的条件以及教育者实施的、作为达到目的的手段的教育行动之间的关系，教育行动的个人的、社会的、文化的条件与其作用之间的关系，乃至它们与设想的和可能的教育以及这种教育产生的可以推测的效果之间的关系”。[③]

应当看到，当代教育学尤其是20世纪中叶以后出现的元教育学，在一定程度上丰富了我们对教育学研究对象的认识，但即便如此，西方学者对教育学研究对象的认识依旧未能形成一个统一的结论。无独有偶，同样的状况也存在于我国学者对教育学研究对象的认识之中。自新中国成立以来，尤其是改革开

---

① 如赫尔巴特的《普通教育学》，全书尽管在绪论部分说明了将教育学变为一门科学的必要性，并在接下来以“教育学科学化”为思路阐述了教育的目的（“教育的一般目的”）、教学（“兴趣的多方面”）、道德教育（“道德性格的力量”）三大版块的内容，但却没有提及教育学的研究对象是什么，这种情况在《教育学讲授纲要》中也是一样的。

② ［德］布雷岑卡．教育目的、教育手段和教育成功：教育科学体系引论［M］．彭正梅（译）．上海：华东师范大学出版社，2008：3-4.

③ ［德］布雷岑卡．教育目的、教育手段和教育成功：教育科学体系引论［M］．彭正梅（译）．上海：华东师范大学出版社，2008：10.

放后，在主要吸收借鉴前苏联和日本学者观点的基础上，诸多通论性质《教育学》教材及著述都曾对教育学所要研究的内容有过深入讨论，并取得了丰硕的认识成果。然而遗憾的是，直至目前，我国教育理论界仍未就“教育学到底研究什么”这一问题达成共识，教育学的研究对象有着包括“教育事实”说、“教育规律”说、“教育现象”说、“教育问题”说在内的多个版本，“教育学研究者们各执一词，所编教育学教材也各行其是，而这也是教育学出现学科危机的一个重要原因”[①]。毕竟，作为教育学研究活动的起点，教育学的研究对象如果没有被清晰地界定，那么以此为基础建构起来的教育学知识体系必然是不稳定的。故而，“再论”教育学的研究对象，分析已有不同对象观的优缺利弊，既关系着教育学知识“何以萌发”的问题能否被进一步澄清，也关系着教育学的学科生命力能否被切实增强。

一般认为，教育学是以“教育现象”为其研究对象的，而“教育现象”也早已成为当前很多教育学著作不加解释便“拿来即用”的常识性概念。但问题在于，这种尚未接受严格论证的结论毕竟不能直接等同于揭示事物本质的“真知”，它至多只能算作依附于感性认识的“常识”，而“常识是最普通、平常但又持久、经常起作用的知识”，它“来源于经验”、“符合于经验”、“适用于经验”，对经验的依附性是其本质性特征，[②]更何况“教育学的研究对象是教育现象”这一“常识”还未成为被教育学研究者们普遍认可的“共识”。所以，“教育现象”作为教育学中的一个的基本范畴，还需要被进一步界定：一方面，由于“教育现象”的内涵与外延尚不确定，以致它与被同样指认为教育学研究对象的“教育事实”、“教育问题”及“教育规律”易产生混淆，学者们或因此很难说清楚什么是“教育现象”，“教育现象”具有怎样的属性和特点，这便造成“教育现象作为合理研究对象”的观点缺少说服力”；另一方面，由于教育是社会的子系统，“教育现象”中往往包含着极为复杂的要素和关系，以致对它的分析总是需要借助社会学、心理学、文化学等多个学科的多种视角、方法和理论，学者们或因此而很难解释清楚“教育现象”与其他学科研究对象的区别到底体现在哪些方面，“教育现象”本身会不会也是一种“文化现象”、“经济现象”“政治现象”等，这便造成“教育现象作为独特研究对象”的观点缺少公信力。所以，貌似不存疑惑的“教育现象”实则是个悬而未决的“大问题”，

① 刘伟芳.我国教育学研究对象的历时考察与现时探讨［J］.当代教育科学，2005，（3）：3.

② 孙正聿.哲学通论［M］.上海：复旦大学出版社，2006：41.

其中还存在着许多待完善的地方，在“教育现象”作为教育学知识来源的合理性和独特性得到证明之前，“教育学知识萌发于教育现象”或“教育学以教育现象为其研究对象”都只能算作是以“可能是”为其命题形式的“推论”，而非“一定是”为其命题形式的“定论”。

二、新中国成立后关于教育学研究对象的主要观点

“教育学具有怎样的研究对象”是任何学者在进行教育学研究之前都必须首先予以回答的问题。因为涉及教育学的学科性质及与之相适的研究范式，故教育学的研究对象一直是一个引发较多关注和争议的问题领域，迄今为止，国内学者就此论题大致形成了四种代表性的观点。

（一）教育学的研究对象是“教育事实”

我国虽然有《论语》、《学记》这样流传于世的教育著作，也不乏“有教无类”、“长善救失”这样古今通用的教育思想，但却并没有像西方那样自发产生作为一门学科的教育学，这一状况直到清末才有所改变，正如瞿葆奎先生在《中国教育学百年》中指出的那样：“有不少人以为孔子的《论语》以及战国时期的《学记》，都是我国不朽的教育学名作，其中蕴含着精深的教育学思想，因而，中国教育学的发展史，上可溯至春秋。此种见解颇能壮国人志气，但毕竟混淆了教育学与教育思想的界限，没有对教育学的产生与教育学的来源两个不同的问题进行区分。……鉴于此，我们将中国教育学史的探寻目光投向20世纪初，也就是教育学作为一门学科在我国出现的那一时刻。”①

由于起步较晚且缺少原创性的思考，“译介与引入”构成了我国教育学在其出现之初的主要发展方式，而“教育事实”观的形成便与此息息相关。历经清末至民国学德、学美的风潮，教育学界在新中国建立以后开始将学习重点转移向了同为社会主义国家的前苏联，掀起了学习苏联的教育学热，并相继翻译出版了一批前苏联的教育学著作，而其中最具影响力的便是凯洛夫主编的《教育学》，“不少高师院校以之作为教材或主要教学参考书，一些教育行政干部和中学教师也以之为业务进修读物……教育界可以说真是满怀学习激情，奉之为教

① 郑金洲，瞿葆奎.中国教育学百年［M］.北京：教育科学出版社，2002：1.

育学的‘经典’”。[1]凯洛夫《教育学》在第一章“教育学的对象和方法”中开宗明义地指出：“教育学的对象是青年一代的教育。苏维埃教育学，是研究社会主义社会条件下对青年一代实行共产主义教育的科学”[2]，而另一本对我国教育学学科建设产生较大影响的巴班斯基的《教育学》也认为“教育学是关于教育的科学”[3]。上述两部教育学著作显然都将教育学的研究对象归结为“教育”，[4]而这里所谓的“教育”即历史上或现实中存在着的各式各样的教育实践活动，它们同其他类型的社会活动一样，是可被人类意识能动反映却不能恣意改变的客观存在，也可被称之为“教育事实”或“教育客观存在”。除译介来的前苏联教育学，我国也有部分学者持有“教育学的研究对象是教育”的观点，如东北师范大学教育系教育学教研室编《教育学》中指出：“每门科学都有其对象，教育学和其他学科一样也有其对象，教育学的对象是青年一代的教育。因此，我们把教育学理解为研究青年一代进行教育之规律性的科学”[5]。还有，石佩臣教授也曾指出，“教育科学的各门学科都是以人类社会特有的教育为研究对象的。但它们又都是以教育现象的不同领域和层面为各自特定的研究对象，揭示教育某一特定领域的规律”，“教育基础理论的研究对象当然也离不开教育”，但“它不是以教育的某一特定层面为研究领域，而是把教育总体作为研究对象，通过教育的一般现象，揭示教育的普遍规律的学科”[6]。

（二）教育学的研究对象是“教育现象及其规律”

尽管前苏联教育学对我国教育学的发展产生过积极的推动作用，但它毕竟是植根于外域文化的“舶来品”，对新中国教育实践和教育理论的指导不免带有一定局限性。为此，自20世纪50年代开始，尤其是改革开放以后，中国教育学研究者对“教育学本土化”进行了诸多尝试，而“教育现象及其规律”观

---

① 郑金洲，瞿葆奎．中国教育学百年［M］．北京：教育科学出版社，2002：107-108.

② ［苏］凯洛夫．教育学［M］．北京：人民教育出版社，1950：1.

③ ［苏］巴班斯基．教育学［M］．北京：人民教育出版社，1986：14.

④ 在凯洛夫主编的1957年版的《教育学》中，编者对教育学研究对象的表述又有了新变化，“教育学是一门科学，它要研究和总结教育的实践，去认识新生一代的教育规律。它揭示教育的本质和教育在社会生活和个人发展中的作用，认识教育目的、教育内容、教育方法和教育组织形式之间的关系”。（［苏］凯洛夫．教育学［M］．北京：人民教育出版社，1957：1.）由此可见，这一版本的凯洛夫《教育学》更倾向于认定教育学的研究对象是教育规律。

⑤ 东北师范大学教育系教育学教研室编．教育学［M］．长春：东北师范大学出版社，1955：1.

⑥ 石佩臣．教育学基础理论［M］．长春：东北师范大学出版社，1996：15.

便产生于该过程之中。“教育现象及其规律”观较早现于“上海师范大学”① 编写的《教育学》，其中指出：“教育学的研究对象是教育现象及其规律”，“教育学的任务是要从客观的教育现象和实际的教育工作中去揭露它的规律。概括说来，教育学主要是从教育与社会生活的关系，教育与儿童身心发展的关系等方面去研究教育工作的规律。”②之后，华中师大等五校主编的《教育学》也认为：“教育学是研究教育现象及其规律的一门科学，诸如教育本质、教育目的、教育制度、教育内容、教育方法、教育管理等等，都是教育学所要探讨的问题”。③ 而南京师范大学教育系主编的《教育学》则对“教育现象及规律”做了进一步限定，提出教育学“研究的主要是学校教育这一特定现象，研究在这一现象领域内所特有的矛盾运动的规律”，而“作为高等师范院校教学用书的普通教育学，它的研究对象即包括了学校教育的一般规律，也包括了中小学教育中的特殊规律”。④

（三）教育学的研究对象是“教育现象”

将“教育现象”视为教育学的研究对象在一定程度上借鉴了自然科学的话语陈述方式，如物理学就被界定为研究客观世界存在的物理现象，揭示物质运动最一般规律的学科。提出单独以“教育现象”为教育学研究对象的教材和专著较多，并大都将教育学界定为一门“研究教育现象，揭示教育规律的科学”⑤。“教育现象”则或是“教育形态的存在问题”，“可概括为三种，一是教育活动，二是教育事业，三是教育意识现象或称教育意识形态”⑥，或是“人类各种教育活动的外在表现形式”，具有三个规定性，依次为：“教育现象是一种可以感知、可以认识的古今中外已经存在或正存在于现实中的存在物”；“教育现象是教育实践的表现物或正从事着的教育实践，它包括各种形式、各种类型、各种模式的教育事实、教育活动、教育问题、教育理论研究等”；“教育现实是以教与学为主体形式的客观存在，不以教与学为主体形式的活动便不能称之为

---

① 该“上海师范大学”（1972 ~ 1980）不是现在的上海师范大学，而是在 1972 年由华东师范大学、上海师范学院、上海教育学院、上海体育学院、上海半工半读师范学院合并而成的。（见：陈元晖．中国教育学史遗稿［M］．北京：北京师范大学出版社，2001：59.）

② 上海师范大学《教育学》编写组．教育学［M］．北京：人民教育出版社，1991：1.

③ 华中师范学院教育系等．教育学［M］．北京：人民教育出版社，1982：1.

④ 南京师范大学教育系．教育学［M］．北京：人民教育出版社，1984：1–2.

⑤ 辞海·教育、心理分册［C］．上海：上海辞书出版社，1980：1.

⑥ 胡德海．论教育现象［J］．教育研究与实验，1991，（1）：1–2.

教育活动，与之相应，也就不能称其为教育现象”[①]。不同于“教育现象及其规律”的现象观，“教育现象”观有着明确的层次性，它虽然也时常将“教育现象”与“教育规律”并举，但前者说明研究对象，后者说明研究宗旨。除此之外，还有学者将教育问题与教育现象结合起来，认为一种教育现象只有成为突出问题才能作为教育学的研究对象，所以，教育学的研究对象是“包括在教育学问题中的教育现象”，[②]抑或“能够被反映为有价值的教育一般问题的教育现象”[③]。

（四）教育学的研究对象是“教育问题”

以“教育问题”作为教育学的研究对象是自改革开放以来理论界日趋流行的一种观点，大致可追溯到日本学者村井实在《教育学的理论问题》中提出的“我们没有把教育学的对象称作现象，而是特地采用‘教育问题’一词来表示并把教育学称作是以‘教育问题’为研究对象的科学，总之，也就是‘教育问题的科学’”[④]。受此影响，我国的教育学研究者也相继提出了“教育学的对象应是以教育事实为基础的教育中的一般问题。教育学是研究教育中一般性问题的科学”[⑤]，“教育学科群整体的研究对象是整个教育问题。某类教育学科的对象是某类教育问题，某门教育学科的对象是某种教育问题”[⑥]，“教育学（教育理论）的研究对象是教育问题，教育理论是在研究教育问题过程中形成的”[⑦]等观点。较之前面三种对象观，由于“教育问题”的本质是教育实践中的矛盾，所以，“教育问题”观具有明确的“问题指向性”和“实践指向性”，对它的研究总会针对教育实践中某一个具体而又急需解决的矛盾，其研究旨趣往往在于解释问题成因和提供教育改进策略。

此外，在“教育问题”观方面，还有一些值得关注的观点。如陈桂生教授认为，“在各门近代基础学科的形成时期，可以按照客观现象划定学科研究对象，每门学科若没有专门的客观现象领域作为研究对象，它在学科之林中就无

---

① 柳海民．教育原理［M］．长春：东北师范大学出版社，2006：2.

② 郝文武．教育学研究对象新探［J］．陕西师范大学学报（哲学社会科学版），1995，（3）：164.

③ 刘伟芳．我国教育学研究对象的历时考察与现时探讨［J］．当代教育科学，2005（13）：6.

④ ［日］大河内一男，海后宗臣．教育学的理论问题［M］．曲程，迟凤年（译）．北京：教育科学出版社，1984：32.

⑤ 孙喜亭．教育学问题研究概述［M］．天津：天津教育出版社，1989：13.

⑥ 成有信．教育学的对象及其两个相关问题［J］．北京师范大学学报（社会科学版），1992，（6）：13.

⑦ 张海波，杨兆山．“教育问题”探析［J］．教育研究，2011，（11）：109.

立足之地；在当代，同一种客观现象可以作为不同学科研究对象，每门学科也可向别的学科研究对象渗透”，所以，“在当代，如果简单地认定教育学以‘教育现象’为研究对象，除非添加限定，否则意味着还没有划清教育学同相关学科研究对象的界限”，为此，他将教育学的研究对象分为“实质对象”和“形式对象”，“前者指学科所指向的某种存在的现象，后者指关于这种现象‘是什么’的专门考虑”，这便有效地解决了教育现象为多个学科共同研究对象的问题。因此，教育学把一种现象视为“教育对象”，“只是出于这门学科对教育问题的关注，或以‘教育’观点看待这种现象”，“以教育学而论，它的研究对象似乎是‘教育现象’，而实际上是‘教育问题’”[①]，前者为教育学研究对象的“实质对象”，后者为教育学研究对象的“形式对象”。

三、对不同教育学对象观的学理分析

“名不正，则言不顺；言不顺，则事不成”(《论语·子路》)。概念是“事物之名”，也是思维认识的起点，只有准确把握事物的概念，方能据此做出关于事物的判断、推理和论证，而教育学的研究对象之所以会陷入众说纷纭的尴尬处境，与我们对“教育事实”、“教育问题”、“教育现象”等概念理解的模糊不清有着很大关系。为改变这一局面，就有必要对上述四种对象观多包含的核心概念予以说明。

（一）教育事实：具体而不可重复的客观存在

事实，意指事情的真实情况，它“乃是科学家的全部结论的实在基础和根据。没有事实的系统化和概括，没有事实的逻辑认识，任何科学也是不能存在的”。[②] 以此类推，“教育事实”就是“培养人”这一社会实践活动的全部真实情况，它有着极为广泛的外延，但凡与“培养人”这一主题相关的事件、思想或人物都可被纳入其中，而无论其发生时间及受关注程度。“教育事实”以两种方式存在着，一种是曾经发生和正在发生的、重要和不重要的人类教育的全部客观过程，它们为教育研究活动提供了丰富的素材，是教育学研究者“全部结论的实在基础和根据”。由于这一类教育事实的复杂性，其中涉及的许多内容

---

① 陈桂生．教育学的建构［M］．上海：华东师范大学出版社，2009：6–7.

② ［苏］拉契科夫．科学学——问题·结构·基本原理［M］．韩秉成等（译）．北京：科学出版社，1984：43.

或因自身的无足轻重而很难引起研究者关注，从而未能出现在教育学研究领域当中，或因相关材料的不足而未得到深入研究，从而成为一些悬而不决的研究内容。另一种是那些在教育实践活动中能够激发研究者兴趣和关注，并被摘选与记录下来的我们已知的“教育事实”，也可称之为“教育史实”。虽然与第一类“教育事实”一样，“教育史实”亦属于教育实践活动真实情况的范围，但它们之所以能够被记录下来，关键还是在于这些事实已经取得了研究者的共同关注和得到确切证据的支持，从而成为我们在教育史书籍中看到的那些著名历史事件、人物和思想，换言之，“历史史实不能仅仅是某一历史学家眼中的所谓事实，仅仅是某一学者眼中的所谓史实并不能就认为是历史事实。历史书写的历史史实不能仅仅是个人的，而必须是具有认识和确切证据的历史事实”。[①]

“教育事实”有三重属性：其一，“教育事实”具有客观性。“教育事实”是独立于研究者意识之外的客观存在，它需要作为社会活动的特殊样态和下位概念从属于大的时代背景和整个社会的运行规律。对“教育事实”的第一种存在形式而言，任何一个教育事件、思想或人物，无论是否具有重要的研究价值或者能否从中得出有效的研究结论，其存在的真实性与内容的确定性都不会受到影响。譬如京师大学堂的设立、癸卯学制的颁行、杜威来华讲学这些已经发生的历史事件，绝不会因研究者的喜好程度或者重视程度的多少而有所改变，研究者只能对其进行认识，却不能对其加以颠覆。对“教育事实”的第二种存在形式而言，一个能成为“教育史实”的“教育事实”在众多事件、思想或人物中必有其重要地位。例如宋代是书院的繁荣期，南宋学者吕祖谦就曾在《白鹿洞书院记》中谈道：“国初斯民，新脱五季锋镝之厄，学者尚寡。海内向平，文风日起，儒生往往依山林，即闲旷以讲授，大率多至数十百人。”然而，在这些为数众多的书院中，被记录下来的却只有白鹿洞书院、岳麓书院、应天府书院、嵩阳书院等几所规模较大且又久负盛名的书院。所以，由此可见，“教育史实”是一些被研究者关注、整理和记录的事实，常常会带有研究者个人的主观色彩，但这却并不妨害它的客观性，其原因便在于我们看到的“历史事实并不是单纯因记载而成为历史史实，而应该确有其事实才成为史学事实”，“书写的

---

① 陈先达．历史唯物主义的史学功能——论历史事实·历史现象·历史规律［J］．中国社会科学，2011，（2）：43.

历史史实应该包含历史事实的真实性”，[①]那些为单个人主观认定却缺少证据的“史实”，随时存在被证伪、被推翻的可能。

其二，“教育事实”具有具体性。“教育事实”的具体性主要体现在其确定性的一面。一则，就“教育事实”全部客观过程来看，虽然有大量的教育活动因其研究价值不足而被逐渐湮没在人类历史的长河中，但它们依然是一个个完整而独立的确定事实，有着明确的起止时间、发生地点和详细内容，并在时间和空间上构成了存在的唯一性。再则，就那些被记录下来的重大的“教育史实”来看，尽管研究者不可能对其每一细节进行再现，也不可能做到记述的完全真实，然而我们依旧可以透过文字清楚地了解到这些历史事件的主要发生过程和历史人物的实际状况，形成对某个“教育事实”的确定性认识。因此，我们言说的某一个“教育事实”一定不会是一类或一组事实的集合，它总对应着内容确定的单个事件、人物或思想。

其三，“教育事实”具有不可重复性。与我们生活于其中的物理世界相一致，教育世界同样由时间和空间两个基本维度构成，前者规定了“教育事实”发生的顺序，后者规定了“教育事实”发生的区域，而时间的一次性和空间的具体性，决定了我们不可能创设出完全相同的时空环境去“复演”完全相同的“教育事实”，因此，“教育事实”是与一定时空环境紧密关联的事件、人物或思想，就像中国不会出现两位孔子、两个稷下学宫、两部《学记》一样，一旦它们所在的时空环境发生改变，它们便不会再次出现。

（二）教育问题：教育事实矛盾的主观反映

由于“教育问题”是教育领域内的“问题”，故对“教育问题”的澄清就需对教育问题的“教育性”和教育问题的“问题性”分别考察。就前者来看，人类在认识和改造客观世界的实践活动中，会遇到很多的“问题”，但一个“问题”如果要被归类为“教育问题”，就不能是一个“随随便便”的问题，它首先需要与“教育事实”相关，是“教育事实”范围内出现的问题，诸如医生看病、运动员比赛，这些“非教育事实”无论如何也不会被看作是“教育问题”。同时，“教育事实”向来不单是教育学研究者关注的“事实”，它还可以作为社会学者眼中的“社会事实”、文化学者眼中的“文化事实”、经济学者

---

① 陈先达.历史唯物主义的史学功能——论历史事实·历史现象·历史规律［J］.中国社会科学，2011，（2）：44.

眼中“经济事实”而存在。[①]但“教育问题”却不如此，它是研究者从“教育事实”诸视角中只择“教育”一端加以发现的结果，涉及的仅仅是“教育事实”中与那些“教育”而非社会、文化、经济相关内容或方面。

就后者来看，“问题就是事物的矛盾。哪里有没有解决的矛盾，哪里就有问题”。[②]所以，“教育问题”无外乎就是那些“教育事实”中出现的矛盾。然而，矛盾是无处不在、无时不有的，“教育事实”中的矛盾亦不例外。如果将“教育事实”中产生的全部矛盾不分轻重缓急地一并划入“教育问题”，则不仅超出了人类的认识能力，也不符合教育学研究的实际状况。所以，虽然“教育问题”都来源于“教育事实”，但“教育事实”中的矛盾不必然构成“教育问题”，当且仅当矛盾发展为“教育事实”中较为突出的矛盾，并引起研究者的足够重视时，它才可能成为一个值得教育学研究者思考的“教育问题”。就此，综合“教育问题”的“教育性”和“问题性”，“教育问题”可被界定为源于“教育事实”和“教育视角”，受到研究者主体意识关注，并能影响“教育事实”发展的较为突出的矛盾，是“教育事实”中所存在矛盾的主观映现。

我们主要在三种意义上使用“教育问题”一词：一种是“教育疑问/困惑”，此时的“问题”对应英语中的“question”，指那些尚存疑点、有待进一步明确的研究内容，比如像“素质教育的构成”、“我国农村职业教育的定位”、“教师专业化的内涵”等就是一些需要被进一步澄清的“question”；另一种是“教育难题”，此时的“问题”对应英语中的“problem”，指那些教育实践中急需寻求症结和解决策略的研究内容，比如像“幼儿园入园难”、“异地高考的实现”、“大学生就业难”等就是一些急需解决的“problem”；还有一种是“教育话题/论题”，此时的“问题”对应英语中的“issue”，泛指那些受到普遍关注的研究内容，比如像“城乡教育均衡发展”、“传统文化教育的实施”、“教育资源浪费”等就是一些在这一时代引起广泛讨论的“issue”。以上三种“教育问题”都是“教育事实”矛盾的主观映现，但由于各自“矛盾”的性质以及“矛盾”需要被解决的缓急程度不同，因此就需要研究者针对具体的“问

① 比如“作为教师的张三体罚学生李四”这一事实，在教育学研究者眼中，其中可能涉及到了教育伦理方面的内容，故而这是一个“教育事实”；在政治学者眼中，其中可能涉及到了“民主”与“权力”的问题，故而这是一个“政治事实”；在心理学者看来，其中可能涉及了一些学生和教师的心理问题，故而这还是一个“心理事实”。由此可见，“教育事实”并不一定就是“教育”的事实。

② 毛泽东选集[C]：第3卷.北京：人民出版社，1991：839.

题”采用形式各异的问题解决办法。

“教育问题”的属性有很多，但最突出有两点：一是主观性。处于人类抽象认识阶段的对象，其实并不是直接的客观存在，它是为我们所知觉和了解到的“映像”，而“认识的对象只有成为主体的‘映像’，即由外在于主体的‘对象’变成内在于主体的‘映像’，主体才能认识‘对象’”。[①]由此可见，“映像”不再同客观事实一样是一个存在论层面的范畴，它已然进入到了与主体意识密切相关的认识论领域。“教育问题”便是一些受到研究者主观意识关注并通过主观意识反映出来的矛盾的“映像”，尽管它来源于“教育事实”这一客观存在，但在被意识关注和反映的过程中，“教育事实”的客观性悄然发生了转变，它已涉及研究者的需要、兴趣、判断等人的主观方面，同时也正是这些主观因素使原本处于“静默状态”的客观矛盾凸显为了“备受关注”的教育问题，为“教育理论”的生成以及“教育对策”的探析奠定了基础。

二是相对性。“教育问题”的相对性首先是“教育问题”的个体相对性。尽管源自“教育事实”这一客观存在，但“教育问题”“在本质上是一类主观性的问题”[②]，其形成并没有一个固定而唯一的标准，这便导致研究者完全可以从个人的主观偏好出发，在“教育事实”中发掘出一些自己感兴趣的“教育问题”。即便是同一个“教育问题”，在不同研究者那里也会因个人研究旨趣和研究立场的差别而受到不同的重视程度。其次是“教育问题”的时空相对性。“教育事实”的矛盾不是一成不变的，它会随时间和空间的改变而有所差异，或产生新的矛盾，或发生主次矛盾的转化，加之每一时代和每一社会所具有的认知水平及所能提供的研究条件也不尽相同，因此，处于不同历史阶段、不同国家及不同民族的研究者往往会发现不同的“教育问题”，而像教育公平、教育国际化这些一个时代或一个区域的重大的“教育问题”，在其他历史时期和社会环境下却可能根本不是一个“问题”。

（三）教育现象：相似而共识性的“教育问题”

“教育现象”是“教育本质”的外在表现形式，它从“教育问题”发展而来，并作为“教育问题”的特殊部类而存在。一方面，同“教育问题”相类似，“教育现象”虽然被认作教育“在发展、变化中所表现的外部的形态和联

① 孙正聿．哲学通论［M］．上海：复旦大学出版社，2006：156.

② 石中英．略论教育问题的主观性［J］．教育研究．1996,（11）：46.

系”①，但这些“外部的形态和联系”已经是居于认识论层面的“映像”，是被研究主体认识的结果而非自发存在的客观“事实”，具有主观性和抽象性，只不过“教育现象”比“教育问题”的概括程度更高、更抽象，是一些更加普遍的“教育问题”。另一方面，“教育现象”继承了“教育问题”的“教育性”，它以“教育问题”为来源，不仅可被还原为多个“教育事实”和“教育问题”，而且还是研究者基于“教育视角”发现的“现象”，通过这些“现象”，研究者可以检验教育学的学科假设、揭示教育的基本运行规律。

此外，“教育现象”与“教育问题”又有着质的差异性。“教育问题”是相对的，一个被某一研究者关注的“教育问题”可能并不会成为一个亟须解决的“重要问题”，而一个被大多数学者断定为十分重要的“教育问题”也可能并不会激发某一研究者的兴趣。“教育现象”尽管也是主观的，但它却是为大部分研究者普遍认可和共同关注的研究领域，是一些不光对于教育学整个学科，而且对于研究者个人都特别有价值的“教育问题”。例如，被个别学者所关注的“男生教育不公平问题”②，虽然在一些地区或者在学校教育的个别领域确实是一个“问题”，但就我国教育发展的总体状况来看，该问题对我国绝大多数地区而言都还不构成一个特别突出的矛盾，不具有问题的代表性和典型性，其研究价值还较为有限，还很难称之为一种“教育现象”。与之相对，“教育先行”之所以被视作一种“教育现象”，不仅因为它是一种存在于多个国家和地区的常见事实，并且还因为它是受到大部分学者所关注和研究的一个热点问题、突出问题，无论对推动中国教育实践的发展，还是对完善教育学的知识内容，“教育先行”都体现出了重要的研究价值，而且这种研究价值并不会因为单个研究者是否在意“教育先行”的论题而有所区别。由此可见，在时空范围相对确定的前提下，“教育现象”有着超越于“教育问题”相对性之上的确定性和普遍性，它们能不能成为“教育现象”，并不取决于单个研究者的偏好，而是取决于这一现象对绝大多数研究者而言是不是都有研究的必要，即便某个“教育现象”没有唤起单个研究者的兴趣，它仍然会是一个“教育现象”。

---

① 现代汉语词典（修订版）[M].北京：商务印书馆，1999：1368.

② 即教育中“女弱男强”的问题，“主要表现是男生在学习成绩不如女生，在班干部、队干部、团干部等学生干部中所占份额较少，在三好学生、各种活动获奖者中所占比例较小等。就学习成绩而言，新的性别差距主要表现在高中毛入学率、高考报名率、高考升学率、高考毛入学率、录取总数等指标上；就班级日常生活而言，新的性别差距既表现在男女生的“组织分层”上，也表现在男女生的“非组织分层”上”。（详见胡振京.基础教育阶段新的性别差距研究[D]：[博士学位论文].重庆：西南大学，2006.）

综上所述，“教育现象”是指那些从“教育问题”中抽离出来的关于“教育本质”外在形态和联系的具有共识性的主观认识，是一“类”更为普遍、抽象和典型的“教育问题”。①

相似性是“教育现象”最为突出的特点。正如人类历史中决不会有两位思想完全相同的教育家，也决不会有两部内容一致的教育法案一样，“教育事实”是不可重复的。同样，个体和时空的相对性决定了多数“教育问题”也仅仅是一个时代、国家或个人的“问题”，随着时空条件的改变，这些“问题”可能再难出现。“教育现象”则不同。由于教育本质不以人的意志和时空变化为转移，它的外在表现形式——“教育现象”总会在人类社会的历时性和共时性维度中表现出一定的相似性。恰如古代社会虽然没有《思想品德课程标准》这样的“教育事实”，也不涉及“德育实效性”这样的“教育问题”，但却依旧像现代社会一样存在“道德教育”这样的“教育现象”，而且在其目的、内容、方法等方面，无论古代还是现代，国内还是国外，都会有很多相似甚至相同的内容。较之“教育事实”的不可重复性和“教育问题”的相对性，“教育现象”的相似性对教育学理论的建构有着更为重要的意义，奠定了认识教育活动中的必然性联系（教育规律）的基础。

高度概括性是“教育现象”的另一特点。“教育问题”是从“教育事实”中抽象而来的，“教育现象”则对这种抽象做了进一步提升，它不仅归纳汇总了教育学研究者们普遍关注的“公共问题”，改造了“教育问题”的相对性，而且还对这些“问题”做了深层次的提炼与概括，改造了“教育问题”的个别性，使其成为存在于古今中外的一类相似“现象”。例如古代社会存在贵族教育和平民教育的差异，而进入民主社会以后，这种阶级间的教育差异有所减弱，而区域间、校际间的教育差异却愈加突出，它们是不尽相同的“教育事实”，也表现为不尽相同的“教育问题”，但总归一点，它们都可以被抽象为“教育不公平”现象。故而，一个“教育现象”往往对应着多个“教育事实”和“教育

---

① 有学者对此持有不同意见，认为教育问题产生于教育现象之中。如柳海民教授便曾提出，教育问题是“当某种教育现象成为人们关注的焦点，被人们广泛地议论、评说或要求予以解决时，这种教育现象便成了教育问题。有些教育现象可能永远停留在现象的性质上，有的则可能由现象发展成问题”。（见柳海民．教育原理［M］．长春：东北师范大学出版社，2006：25．）在笔者看来，如若将教育现象等同于教育事实，这样的论断无疑是合理的，但问题在于，教育事实和教育现象毕竟是两个不同的范畴，故而，我们可以说教育问题产生于教育事实之中，有些教育事实可以发展为教育问题和教育现象，有些则可能就永远停留于事实层面。

问题”，它借助抽象思维挖掘出了不同“事实”或“问题”间的内在联系，从而为发现“教育规律”提供了可能。

（四）教育规律：“教育现象”中的本质联系

“教育规律”是“教育现象”变化发展的内因，是教育活动本身固有的、深藏于“教育现象”之后并对“教育现象”起到决定与支配作用的内在的、本质的、必然的联系。教育规律是对教育现象的本质性认识，也是对教育现象的进一步抽象、概括和总结，一条教育规律可以作用于多个教育现象，即便其中的某一个或某几个教育现象因时空条件的改变而消失，教育规律也依然会存在，如“因材施教”这一规律就不会因“百家争鸣”时代的远去而失效，它在现代教育活动中仍旧发挥着重要作用。因此，教育规律具有的恒定性，可以为制定实践层面的教育规则或规范提供根本依据。人类可以认识“教育规律”，但“教育规律”绝非人类认识的产物，相对于“教育问题”和“教育现象”，它又“返回”了独立于人主观意识之外的存在论领域，并体现出与“教育事实”相同的客观性，人类只能对其加以利用和认识，却不能按照个人偏好对规律的内容、发生的条件以及产生的结果进行改变。

人“作为人类历史的经常前提，也是人类历史的经常的产物和结果”①，他既是历史的受动的，也是现时的能动的，所以，一方面，“单个人的历史决不能脱离他以前的或同时代的个人的历史”②，人类自然也不能脱离历史给定的实际条件而随心所欲地去发展教育；另一方面，在尊重历史、尊重现实的前提下，人类又可以能动地从事教育活动，可以利用已有条件创造出很多新生的“教育事实”。这些“教育事实”一经出现，便会于其中自发地产生一些不可被随意创造的“教育规律”，而这些规律又会反过来作用于“教育事实”，成为影响“教育事实”运行的决定性因素，制约着“教育事实”的现状与未来。“教育规律”的内容及其发挥作用的条件和结果是固定的，它的重复性就体现在这两个方面：一则，“教育规律”并非制定而成，它是教育现象中那些稳定、持久的东西，虽然被用作陈述规律的语言可能存在些许差别，但教育规律本身的内容却不会因为年代的久远、地域的差别而有所改变，就像教育要适应并促进社会和人的发展、教育要和生产劳动相结合这样的规律，无论在任何

① 马克思恩格斯全集［C］：第 26 卷第 3 册 . 北京：人民出版社，1974：545.

② 马克思恩格斯全集［C］：第 3 卷 . 北京：人民出版社，1960：515.

时期和任何国家，它们的内容都是相同的；再则，“教育规律”发挥作用的条件和结果是稳定的，只要条件符合，“教育规律”就会开始发挥效用，并成为影响教育活动发生发展的支配性力量，推动教育活动产生与规律要求相一致的结果。

“教育事实”、“教育问题”、“教育现象”以及“教育规律”都是教育学的基本范畴，它们有各自不同的内容和属性，同时彼此间又相互依存、相互渗透。没有具体而不可重复的“教育事实”，就不会有发生于“教育事实”之中的矛盾，也就不存在对矛盾加以“主观映现”的“教育问题”；“教育问题”是对部分“教育事实”的抽象认识和初步概括，是研究者的认识对象由客观存在论领域向主观认识论领域转向的关键，没有相对性的“教育问题”，就很难从中归纳出普遍性的“教育现象”；“教育现象”是对共识性“教育问题”的深层次概括，是由“经验世界”上升为“规律世界”的“中介物”，没有蕴含在“教育现象”中的相似性，没有对这些相似性的深入分析，就不能发现重复作用于教育活动的“教育规律”；“教育规律”是对“教育现象”的本质性认识，也是研究者从事教育学研究的目的，决定着“教育事实”的发生发展的过程和结果，“教育现象”相似性的原因，只有在“教育规律”中才能得到合理的解释。

四、“教育现象”作为教育学研究对象的依据

在厘清“教育事实”、“教育问题”、“教育现象”、“教育规律”的内涵及相互关系后，我们便可以此为基础，结合教育学学科研究对象的标准去分析不同对象观的局限性，进而在“证伪”中确证“教育现象”作为教育学研究的合理性和独特性。

（一）教育学研究对象的标准

教育学发展至今日，已不再是夸美纽斯和赫尔巴特时期那种集理论与应用为一体的综合性学科，它已经由原来的“单数教育学”分化为了包含多个教育相关学科的“复数教育学”。学者们“对教育科学复数形式的态度，尽管有一些差异，但复数教育科学已成为不可否认的事实，并且有着大致相同的含义和范围。它是所有有关教育的知识体系的总称，由若干学科构成，这些学科从不

同的研究角度或不同的层面来认识和改进教育活动”。[①] 当然，在“复数教育学”的学科体系中，关注教育活动基本原理的“单数教育学”依然存在，“它既不是传统教育学的‘总论’，也不是对教育学的‘概略论述’，而是把教育作为一个总体对象，即从总体上探索教育的一般规律的独立基础理论学科”，构成了整个“复数教育学”共同的理论基础，“是在更高层次上对教育基本规律的总结和概括”。[②]

为使用的方便，在多数情况下，“复数教育学”和“单数教育学”都被简称为“教育学”，而这种“复数教育学”和“单数教育学”的“共用一名”的状况，也确实为研究者确定教育学的研究对象带来了不小的困难：毕竟，“单数教育学”是整个教育学学科群中的一个分支[③]，它和“复数教育学”中的其他学科是平行的，它们尽管都立足并服务于“培养人”的教育实践活动，但每一学科的功能却存在差别，如“单数教育学”要建构的是有关教育活动的最一般和最基础的理论，课程论要建构的是课程设计、编排、实施和评价等方面的理论，而教学论所要建构的却是教学过程、教学方法、教学组织形式等方面的理论。所以，当代教育学高度分化的事实，以及不同分支学科各有侧重的内容，非常容易带给我们这样一种感觉，即“教育学”的具体所指不同，教育学的研究对象也会随之变化，而偏重于基本原理分析的“单数教育学”和作为整个教育类学科群共同称谓的“复数教育学”的研究对象自然会有所区别，但事实果真如此么？

实际上，尽管学科分化的过程推动教育学产生了越来越多的分支学科，而各分支学科又分担着彼此不同的研究任务，但这些都并没有削弱教育学研究对象的唯一性：“单数教育学”向“复数教育学”的演化，主要表现为教育学理论内容的丰富和教育学学科结构的拓展，教育学的研究对象并未在这一过程中也随之发生改变。所以，迄今为止，无论是作为“学科群基石”的“单数教育学”，还是作为“学科群总体”的“复数教育学”，都旨在从理论层面对教育实践予以分析，给出的都是具有较强学理性和抽象性的教育学知识，二者间的差

---

① 唐莹，瞿葆奎．教育科学分类：问题与框架——《教育科学分支学科丛书》代序．元教育学［M］．唐莹．人民教育出版社，2002：7.

② 柳海民．教育原理［M］．长春：东北师范大学出版社，2006：6.

③ 在《全国一级学科专业目录及名称代码表》中，“教育学”是一个一级学科，其代码为0401，而教育学原理（“单数教育学”）、课程与教学论、比较教育学等则是它的分支学科。

异并非研究对象的不同，而是在学科定位、学科内容及学科框架方面的区别，这也决定了教育学具有怎样的研究对象，其实和我们如何理解教育学的概念并无直接联系。

明确了上述内容，我们便可对教育学研究对象做如下规定：

第一，教育学的研究对象应当具有学科的独特性和明确的指向性。首先，作为一种认识世界和改造世界的活动，教育科学研究“最根本的特征主要体现在两个方面：对象与方法。”[①]尽管在现代科学综合化趋势的推动下，许多研究方法已不再是某一学科的“专属方法”，但研究对象的独特性却依然作为学科划分的标志被保留下来。因此，评判一个“对象”能否成为教育学的研究对象，首先最重要的就是看该“对象”能否与其他学科的研究对象形成显著差异，能否彰显教育学的独特性。其次，研究对象是学科发展的逻辑起点，一门学科的研究对象尽管不必完整地呈现该学科的全部内容，但却需要在划定学科边界的同时，至少对学科的研究范围从总体上予以限定。为此，能否向研究者澄清教育学的基本研究领域，能否使研究者明白哪些是或者哪些不是教育学的研究内容也应作为评判一种对象观成立与否的主要依据。

第二，教育学的研究对象应当具有高度抽象性。由于现代教育学学科性质的转变，教育学已不再是最初的那种“教育经验汇总之学”，亦不必僵化“理论与实践相结合”的一般要求，[②]刻意去发展“教育事实描述”或“教育问题对策”的部分，它仅需要着力解决教育活动中一般性问题和建构教育科学中一般性理论即可，而这些一般性问题的阐释和一般性理论的产生，则必须建立在对众多“教育事实”和“教育问题”不断进行抽象的基础上。

第三，教育学的研究对象应当具有高度概括性。如果将教育学看作是“复数教育学”，那么它面对的将是整个教育类学科群，由于其中涉及众多的研究内容（譬如教育基本理论、课程的基本原理、教学的实施、教育政策的制定、教育数据的分析等），以及众多有着不同研究任务的分支学科，所以，作为“复数教育学”整体的研究对象必须具有相当高的概括程度才能把这些内容和任

---

① 唐莹，瞿葆奎．教育科学分类：问题与框架——《教育科学分支学科丛书》代序．元教育学［M］．唐莹．人民教育出版社，2002：11.

② 教育学和教育实践集之间的紧密联系决定了教育学是一门偏重实用的理论学科，然而，由于自身的理论性，教育学又呈现出很高的抽象化程度和学理化的论证方式，故而，教育学虽然有很多关于实践问题的论述，但它却不是具体操作手册，不会直接告诉教育实践者今天干什么，明天怎样干，而是教育实践者从事教育活动的“行动依据”，从理论层面为他们做什么和怎么做提供说明与解释。

务全都涵盖进去。如果将教育学看作是“单数教育学”，那么它作为学科群中的一门基础性学科，显然不必像其他各分支学科那样，就教育活动中的某一个或某几个相对细化的问题进行专门性地阐释，[①]并对这些问题涉及的具体原理和实施方法进行逐一说明。“单数教育学”所要研究的只是那些从个别事实和问题中汇总概括出来的最具普遍性和代表性的一类事实或一类问题，进而为其他分支学科的研究提供可以被进一步细化、丰富的基本范畴和基本原理。故而，综合来看，无论是单数教育学还是复数教育学，它们的研究对象需要具有很高的抽象性，是对“教育事实”和“教育问题”的总体性认识。

第四，教育学的研究对象应当具有话题的公共性。但凡研究对象的确立，都必然是一个“价值有涉”的过程，研究者不可能抛开自己的主观意识去发现研究问题，进而从中概括出研究对象。同理，教育学的研究对象是“研究者认识到的对象”，其研究的必要性和可能性也都会受到研究者主观意识的影响。然而，作为一门学科而非一个单独问题的研究对象，教育学研究对象的“主观”绝不会是“单个研究者的主观”，它理应是绝大多数研究者在深入讨论过程中形成的“共识性主观”，需要尽可能摆脱那些源自单个研究者主观意识和时空条件的相对性，转而成为被研究者共同关注和普遍认可的“对象”，即力求实现“研究者个人的探究意趣”与“外部社会（理论的与实践的）研究需求相互吻合”，以及“研究者‘自己的问题’、‘个人的问题’”与“‘他者的问题’、‘公众的问题’相互对接”[②]。

（二）“教育事实”、“教育问题”、“教育规律”观的局限性

1.“教育事实”作为教育学研究对象的局限性主要集中在三个方面：

第一，“教育事实”指向不明。从学科定位来看，教育学是专门研究人类教育活动的学科，它的研究目标、研究结论都和教育密切相关，但如果就此认定“教育事实”观却也会使人产生一种“意犹未尽”的感觉。一方面，“教育学的研究对象是教育事实”的陈述方式如同“经济学的研究对象是经济”、“法律学

---

① 例如，教育学原理会讨论“课程”的问题，课程论也会讨论“课程”、“教学”的问题，但它们对“课程”问题讨论的全面性和深入性显然是不同的：“教育学原理”对“课程”问题的讨论较为宏观和概括，“课程”理论在教育学原理中只是从属于对教育最一般原理的介绍，所占篇幅很小，与之相对，课程论对“课程”则进行了专门性的深入研究，“课程”问题构成课程论的主体内容。

② 吴康宁．教育研究应研究什么样的“问题”——兼谈“真”问题的判断标准［J］．教育研究．2002，（11）：10.

的研究对象是法律”一样，是一种没有包含任何解释和说明成分的同义反复，还需要进一步回答“什么是教育”。因此，“教育学的研究对象是教育事实”并没有加深我们对教育学研究对象的认识，“如果只是简单地认定教育学以‘教育’为研究对象，而未对研究对象的把握有所设定，那么关于‘研究对象’问题几乎等于没有说什么或说了什么不必要说的话：教育学不研究‘非教育’现象”①。另一方面，教育学研究的是教育中一般性的理论问题，但如前所述，“教育事实”的覆盖面极大，教师与学生、教育法规、教育技术、课程教材等人类教育的全部客观过程和我们所识记的教育史实都可被列入其中，如果以这样一个广阔的领域作为研究对象，则不仅不符合现代教育学偏重理论探讨的学科性质，也超出了现代教育学的研究范围，使教育学面临着“不可承受之重”。

第二，“教育事实”的学科独特性不显著。“教育事实”是诸多社会活动中的一种，它的发生发展总会受到多重社会因素的影响，是教育、政治、经济、文化等要素的综合体，而所谓的“教育事实”，还可以被同时视作“政治事实”、“经济事实”、“文化事实”。这便导致不单教育学可以研究“教育事实”，政治学、经济学、文化学也都可以从各自的学科立场出发对其进行研究，分析“教育事实”中包含的“政治成分”、“经济成分”以及“文化成分”。因此，教育学虽然是与“教育事实”高度相关的学科，但“教育事实”却不是教育学的专门研究内容，它既不能使教育学的研究对象与其他学科的研究对象有所区别，也不能彰显教育学的学科独特性。

第三，“教育事实”的抽象性不强。“教育事实”是有着具体性和不可重复性的客观存在，它不仅尚未历经理性认识的抽象，总会指向某个确定的事件、人物或思想，而且其中还存在着很多并不具备研究价值的内容。能够纳入教育学研究者视野中的教育事实，是大量教育事实中与研究者教育价值观念相矛盾的那部分事实，它们共同构成了一些教育问题，而只有那些不断重复的、具有普遍性的问题，才能称之为教育现象。因此，教育学的研究对象虽然基于教育事实，但教育学却不研究偶发性的教育事实，它只关注其中的小部分内容。如果将全部“教育事实”归为教育学的研究对象，那么便会有很多诸如“小明上课迟到”、“小红没带课本”这样散乱无序的、偶发性的、不可重复的客观事实进入到教育学的研究范围，不免使教育学又退回到“经验汇总”与“事实描

① 陈桂生．教育学的建构［M］．上海：华东师范大学出版社，2009：14.

述”的状态，不仅不符合现代教育学的学科定位和学术品性，也不利于教育学走向成熟和规范。

2.“教育问题”作为教育学研究对象的局限性主要集中在两个方面：

第一，“教育问题”中的很多“问题”是“私己”而非“公共”的话题。由于以“主观性”为其本质特征，“教育问题”总表现出鲜明的个体相对性和时空相对性。虽然不排除个别“教育问题”可能转化为被教育学研究者普遍关注的“公共话题”，但一个“教育问题”，尤其是新提出的“教育问题”，在成为“不论对于教育理论的发展或教育实践的改善来说，还是对于研究者自身的发展来说，都是‘真’问题”①的“问题”之前，都会是附属于研究者个人旨趣和价值立场的“私己领域”。然而，教育学需要解决的仅仅是那些具有重要研究价值，并得到广大教育学研究者公认的理论问题，这些问题定然不会是仅为单个研究者关注的“私己领域”，所以，那些“公共性”匮乏的“教育问题”并不适合作为教育学的研究对象。

第二，“教育问题”中的很多“问题”缺少较高层次的概括性。作为一门学科的教育学需要具有总括性，这决定了它不可能研究特别微观细致的“教育问题”，更不可能寻求某个具体教育问题的解决策略，②它应当从理论层面提供一些“有关教育活动”的基本概念和基本命题，并借助哲学、心理学、伦理学等学科的相关理论，以高度抽象的方式分析和解释“为谁培养人”、“培养什么人”、“谁来培养人”、“怎样培养人”等教育活动中的一般性问题。与之相对，具有课题性质的“教育理论研究”和“教育对策探析”尽管可能以“教育问题”为研究对象，但其中的很多“问题”却仅仅表现为对“教育事实”中个别矛盾的简单归纳和梳理，是一个个单独的“具体问题”而非一“类”经过抽象的“共性问题”，通过对这些“具体问题”的研究，研究者可能得出许多“具有明确问题指向性”的教育理论和教育对策，却未必会对教育学整个学科的建构有所裨益，因此，“教育问题”缺少成为一个“学科的研究对象”所需的概括性。

---

① 吴康宁．教育研究应研究什么样的“问题”——兼谈“真”问题的判断标准［J］．教育研究．2002，(11)：11.

② 寻求具体教育问题解决策略的大都是教育学类的课题研究，而本文所讨论的则是学科层面的教育学，它的研究内容较为宏观，可以作为教育学类的课题研究的理论来源。如“农村寄宿制学校学生的适应性问题”，这就是一个教育学类的课题，它回应的就是“如何提高农村寄宿制学校学生适应能力”这一现实问题，而教育学则为分析这个问题、寻求问题的解决策略提供了大量可供使用的理论。

3.“教育规律”观的局限性在于“教育规律”本应是教育学研究的目的，它是教育学研究的“终点”而非“起点”，将“教育规律”视为教育学的研究对象显然是一种本末倒置的行为。

“教育规律”虽然切实存在于教育活动之中，但它却是不能被我们直接观察或观测的本质层面的范畴，对“教育规律”的发现，不仅需要研究者大量占有与“教育现象”相关的感性材料，还需要经历一个对“教育现象”去粗取精、去伪存真、由此及彼、由表及里的复杂思考过程。因此，对教育学而言，揭示那些在教育活动中反复发生作用的“教育规律”是其使命，而研究“教育现象”的相似性则是实现这一使命的唯一途径。如果将“教育规律”作为教育学的研究对象，可能导致教育学学科研究目标与研究对象的同一化，而“如果事物的表现形式和事物的本质会直接的合而为一，一切科学都成为多余的了”。[①]

（三）“教育现象”观的适切性

“教育现象”体现了教育学的学科独特性。一方面，“教育现象”包含着独特的研究视角。“教育问题”是研究者基于“教育视角”对大量“教育事实”矛盾的主观映现，而“教育现象”则是对“教育问题”的进一步抽象和概括，它既保留了对“教育事实”和“教育问题”的可还原性，又保留了在研究和审视“教育事实”时独特的“教育视角”，而且它本身即为“教育视角”的产物，是研究者通过“教育视角”归纳出来的一些以“教育”为核心要素的社会现象，与其他学科基于各自视角去关注和研究“教育事实”发现的那些“非教育问题”和“非教育现象”形成了显著差别。另一方面，“教育现象”承载着独特的研究使命。研究“教育现象”的目的在于从相似性中揭示重复性的教育规律，并分析教育学的基本假设和基本命题是否成立，这与其他学科的研究目的显然是不同的，因此，研究“教育现象”虽然常常需要借助其他学科的相关理论和方法，但这并无损“教育现象”的独特性。

“教育现象”是确保教育学学科研究目的实现的必经之路。教育学是旨在揭示教育规律的一门学科。通过对“教育事实”、“教育问题”、“教育现象”、“教育规律”的讨论，不难看出，“教育事实”与“教育问题”各自的“一次性”和“相对性”决定了研究者虽然可以记述经由“事实”整理后的“教育史

① 马克思恩格斯全集［C］：第25卷．北京：人民出版社，1974：923.

实”，也可以得到“问题相关”的“教育理论”和“教育方法”，但它们毕竟是偶然发生和被偶然关注的内容，研究者并不能从中发现教育活动的本质联系。与之不同，“教育现象”在人类历史上却曾多次出现，并具有一定的稳定性和确定性，透过这些经由“问题汇总”而成的相似“现象”，我们可以发现那些潜藏于现象背后但却总能重复发挥作用的“必然性”，进而借助归纳思维形成对教育的“规律性”认识。故而，“教育现象”是揭示“教育规律”的前提，符合教育学的研究目的。

“教育现象”在体现出较高抽象概括程度的同时，还限定着教育学的研究范围。“教育问题”是从“教育事实”概括抽象出来的，“教育现象”则对这种概括抽象做了进一步深化：虽然可以还原为内容各异的“教育事实”或“教育问题”，但“教育现象”本身并不是一些特别具体的“事实”或“问题”，它不会直接对应教师群体中的某个特殊的个体，也不会反映实际教学过程中某个具体的瞬间，而是表现为像教师、教育制度、教育内容等这样一类“事实”或“问题”的概括性总称。这既符合教育学研究对象应当具有高度抽象性和概括性的标准，又确保了教育学研究对象的“言之有物”，避免了“教育事实”观同义反复和范围过大的缺陷。

“教育现象”体现出了研究话题的公共性。“教育现象”是从“教育问题”中抽象概括出来的一些代表性和普遍性的“问题”，它们的研究价值已经得到了研究者的广泛认可。所以，同为抽象认识结果的“教育现象”有效避免了“教育问题”所具有的个体相对性和时空的相对性，使其无论对单个研究者还是对整个理论界，都是一个确实成立且真实存在的有意义的研究领域，不再会因时、因地、因人而变。所以，“教育现象”理应作为教育学的研究对象。

第四章　教育学知识科学化的方法论

与教育学的研究对象问题相类似，方法论问题对于教育学知识科学化也非常重要。① 从整个学科的历史来看，教育学知识的丰富和拓展与教育学研究方法论的演化紧密相关。在教育学发展的萌芽阶段，即独立形态的教育学诞生之前，由于“经验——描述”方法论尚处于统治地位，学者在教育研究中形成的结论多还停留在感性认识层面，其内容多是对教育经验简单地收集、整理，缺少作为一门学科应有的理论性。为改变这一局面，夸美纽斯、康德、赫尔巴特等学者在各自的研究中以“哲学——思辨”的方法论为支撑，使教育学逐步摆脱了经验汇总的状态，成为一门学理性较强的独立学科。20 世纪初叶，在实证科学的影响下，梅伊曼、拉伊将“科学——实证”的方法论引入到教育学研究中，以此为基石的实验教育学也迅速成为那一时期教育学领域中的“显学”。与此同时，在欧洲大陆，以施莱尔马赫和狄尔泰为代表的部分学者，在教育研究中却依然坚持人文主义的方法论，从而开辟了文化教育学的新领域。20 世纪 40 年代，在分析哲学的影响下，“语言——逻辑分析”的方法被大规模应用于教育学研究中，教育学出现注重语言分析和语言检验的新动向。此后不久，批判教育理论、解释教育理论开始相继登上历史舞台，教育学的发展愈加趋于多元。可见，教育学的点滴变化，总是伴随着研究方法的引入和创新，而这些不断涌现的研究方法，也确实在为教育学知识的科学化提供着动力。

---

① 教育学研究方法论与具体的教育学研究方法既有区别又有联系。首先，就二者的区别而言，教育学研究方法论是我们对具体研究方法的本质性认识以及基于这些认识而形成的对待具体研究方法的观点、态度和立场，是具有普遍性和一般性的教育学研究方法，可以被视作“形而上者”的方法之“道”，能够对研究者在选择和运用具体研究方法时起到统领作用；而具体的教育学研究方法则是我们在教育学研究中为达到某一研究目标而采用的技术手段、方式和解决途径，可以被视作“形而下者”的方法之“器”，它能够为教育学研究者直接应用于研究活动，从而成为分析和解决教育学当中的某个具体研究问题的工具。其次，就二者的联系而言，教育学研究方法论作为方法的源泉，总是寓于教育学的具体研究方法之中，并在观念层面影响着教育学研究者对具体方法的选择和运用；而教育学研究方法作为方法论的载体，也总是需要抽象的教育学研究方法论的指导，并在实际操作层面体现着教育学研究方法论的基本主张和价值诉求。

就整个学科发展的现状而言，教育学知识的进一步科学化离不开对当前教育学研究方法论的规范。“在各门基础学科形成之初，要求每门学科不仅有专门的研究对象，而且有适于这种研究对象的独特的研究方法，这曾经是一条不成文的学科规范”[①]，但是，伴随着现代科学的发展，研究方法严格的学科分界逐渐消融，以方法为依据，评价一门学科的独特性或者成熟度已经不再合理。然而，即便如此，方法论及具体研究方法在教育学学科体系构建中的重要作用并未由此而被削弱，它们不仅依然是教育学作为一门独立学科的必备要素[②]，也是对教育学学科群（或称为“复数教育学”）进行分类的主要标准[③]，划定了教育学知识科学化的具体领域和学科边界。自 20 世纪 90 年代以来，随着国内学者对西方哲学、教育学著作的大规模译介，我国教育学科的发展也因之步入多元化发展阶段。反映到方法论层面，这一趋势突出表现为教育学者对研究方法选择和运用的多元化倾向。方法没有好坏之分，多学科研究方法的引入，确实开辟了新的研究领域并拓宽了研究者的视野和思路，这不失为对我国原有教育学研究范式的有益补充。但如果脱离具体的研究情境和问题，只是一味追求方法的“百花齐放”和“推陈出新”，反倒会使教育学者产出一些缺少学科特性、缺少问题意识、缺少实际价值的“虚假知识”。因此，教育学知识的科学化需要以学者们对教育学研究方法选用的规范化为保证。

一、教育学知识生产的方法论沿革

“科学方法不是呆物，而是一个不断生长的过程”。[④] 理论的更迭不仅受限

① 陈桂生 . 教育学的建构［M］. 上海：华东师范大学出版社，2009：27.

② 尽管教育学学科独特性的彰显已不再取决于专门化的研究方法，但教育学若要成为一门学科，或教育研究若要开展，就一定需要研究方法。这就像坐在餐厅里吃饭，无论吃什么，我们都一定会使用餐具（吃的方法），但吃中餐还是西餐（吃的内容），却不会由餐具所决定，毕竟，按照个人不同的喜好，西餐一样可以使用筷子，而中餐也一样可以使用刀叉。因此，研究方法是教育学“作为学科”的充分条件，却非教育学“作为特殊学科”的充分条件。

③ 瞿葆奎、唐莹首先以研究对象，将复数教育学分为“以教育活动为对象的学科”与“以教育理论为对象的学科”两个层次，而在“以教育活动为对象的学科”中又以学科的形成机制为标准，单独划分出了一类“采用被运用学科的方法”的教育学科，其中包含“运用方法直接分析教育活动”的学科（有教育史学、比较教育学、教育未来学等）以及“研究如何运用方法来分析教育活动”的学科（有教育统计学、教育测量学、教育评价学等）。（详见唐莹，瞿葆奎 . 教育科学分类：问题与框架［J］. 华东师范大学学报（教育科学版），1993（3）：1-14.）

④ ［英］贝尔纳 . 历史上的科学［M］. 北京：科学出版社，1981：9.

于社会思想文化的变迁，还总是伴随着人类认识论和方法论的重大突破，而教育学知识之所以能够由贫瘠走向丰富、简单走向复杂，就是在教育学研究者所持“对象观”和“方法论”的转换中实现的。“假设教育现象类如自然现象的人，多会遵循经验主义或实证主义的原则，运用‘科学’的手段，力图客观地描述和说明教育现象；强调教育现象是人文或社会现象的人，会选择现象学、诠释学、批判理论、后实证主义等，尝试理解教育现象背后所蕴涵的特定意义或关系；而那些认为教育现象兼有物理的量化特征和社会的质性特征的人，往往会选择一种‘中间的’、‘超越的’、‘综合的’或‘整体的’道路，强调‘质的研究’和‘量的研究’的结合，或者主张一种与‘复杂理论’相承的思维方式和研究方法”。[①]

（一）“经验总结”抑或“逻辑推理”的方法论阶段

尽管教育学肇始于近代，但在人类社会早期，人们就已经产生了对教育活动的粗浅认识，并开始通过不充分的观察和直觉体验，有意识地对教育经验进行归纳和整理，从而形成了一批经验化色彩浓重但却具有教育学萌芽性质的“教学法”著作。公允地说，由于理论基础和研究规范的匮乏，这一时期人们对教育活动的思考还很难称之为真正意义上的教育学研究，他们不仅缺少明确的研究目的和合理的研究设计，在方法论层面也多局限于简单的“经验总结”或“逻辑推理”，以致整个研究过程缺少严格的论证或充足的论据支持，从而削弱了所产出知识的准确性和普适性，使这些朴素的“教学法”知识至多算作是一些不成系统的教育思想或教育理论。

由于文化背景、学术传统的差异，这一时期东西方学者在认识教育现象时所采用的思考方式也各有其的特点，英国哲学家罗素曾将其总结为“希腊科学和哲学的一个显著特征就是证明概念。东方的天文学家满足于记录现象，而希腊的思想家却在努力解释它们”。[②]具体而言，在西方，出于维护自己的观点的需要，人们（尤其是古希腊的公民）往往会在政治生活、学术交流中经常性地展开辩论，而辩论又必然离不开理性和逻辑，故而，重视理性、重视逻辑逐渐发展成为西方哲学理论最显著的特点。例如柏拉图提出的“理念论”，便旨在阐明“理性”是认识“共相世界”的唯一途径，而亚里士多德提出的“三段

① 程亮．教育学的“理论——实践”观［M］．福州：福建教育出版社，2009：37-38.
② ［英］伯特兰·罗素．西方的智慧［M］．北京：文化艺术出版社，2005：86.

式推论法”，则对形式逻辑的完善起到了促进作用。受这种学术传统的影响，西方学者很早就将“逻辑推理”的方法引入到了对教育的论述当中，力求从“善”、“美德”、“真”等先验概念中推导出教育应具有怎样的目标、内容和方法。以亚里士多德针对灵魂的三种教育为例，他并没有依据教育的现实状况直接讨论教育的分类，而是先从教育的依据——人的灵魂谈起，将人的灵魂分为营养的灵魂、感觉的灵魂和理性的灵魂，进而指出人的教育应当与之对应，分为体育、德育和智育，这便构成了一个环环紧扣、由“先验概念”到“具体目标”的逻辑推理过程。

在中国，因为一向强调学说的“经世致用”，几乎除先秦的名家、墨家外，“中国传统实用理性过于重视现实的可能性，轻视逻辑的可能性，从而经常轻视和贬低‘无用’的抽象思维”，“这使得中国人的心智和语言长期沉浸在人事经验、现实成败的具体关系的思考和论理上，不能创造出理论上的抽象的逻辑演绎系统和归纳方法。汉语缺少抽象词汇，哲学缺少形而上学，思维缺少抽象力度，说话作文不遵守形式逻辑，计算推演不重视公理系统”。[①] 在这种文化的习染下，中国古代学者对教育活动的认识主要采取了“经验总结”的方式，即从大量的教育事实和教育经验中归纳出一些行之有效的教育思想。例如被视为我国第一部教育专著的《学记》，就没有采用西方那种逻辑推理、层层递进的论证方式，而是从教育的现实状况出发，对自先秦以来我国学校教育教学的经验做了一般性的分类总结，阐发了一些可以直接应用于学校教育活动的教学原则、管理原则。

（二）“哲学思辨”的方法论阶段

教育学是从哲学中分离出来的一门学科，在其产生初期，由于尚未完全摆脱哲学母体的影响，学者对教育学知识的建构仍主要采用了“哲学思辨”的方法，这在夸美纽斯、康德乃至“科学教育学”的创始人赫尔巴特等学者的教育学著作中都有所反映。

以夸美纽斯和赫尔巴特为例。夸美纽斯明确反对从教育经验中归纳出来的“后验的”方法，他认为这些方法是一些学者“所根据的差不多全是些互不联系的、从肤浅的经验中拾来的方法”，而要想为“建立普及学校的普及艺术打

---

① 李泽厚. 人类学历史本体论［M］. 天津：天津社会科学院出版社，2008：168-169.

下基础”，就必须采用“先验的方式去证明这一切，就是从事物本身的不变的性质去证明”。[①]由此可见，在夸美纽斯看来，教育学研究者要想使“把一切事物教给一切人们的全部艺术”（夸美纽斯语）成为普遍真理，就必须借助抽象思维而非感性直觉去认识教育活动，从而加强教育学知识的思辨性。在《大教学论》中，夸美纽斯对其教育思想的阐述也确实如此，他往往会以《圣经》为依据，首先提出一些先验性的概念或命题，之后从这些概念或命题中对教育的目标、内容以及方法作出判断和选择。例如，当夸美纽斯论述“一切男女青年都应该进学校”时，他的“不仅有钱有势的人的子女应该进学校，而且一切乡镇乡村的男女儿童，不分贫富贵贱，同样都应该进学校”的论断，其证据就是先验的，即“上帝自己常说，他对人毫无偏袒，所以如果我们允许一部分人的智性受到培植，而去排斥另外一部分人，我们就不仅伤害了那些与我们自己具有同一天性的人，而且也伤害了上帝本身”。[②]

由于身处自然科学蓬勃发展的时代，赫然巴特不仅视“科学化”为教育学学科发展的最重要目标，而且还将教育学建立在实践哲学（伦理学）和心理学的基础上，希望以此作为建立教育科学的保障。赫然巴特对教育学的建构主要分为教育目的方面和教育手段两项内容，在教育目的方面，赫尔巴特从实践哲学出发，论证了道德在教育中的终极价值；在教育手段方面，赫尔巴特从“统觉”心理学出发，提出了教学形式阶段理论。且不论赫尔巴特有关教育目的的认识是否带有先验伦理学的痕迹，单就赫尔巴特教育学中“最为科学”的“统觉”心理学来看，其本身就是建立在哲学思辨基础上的产物，并未体现出太多“科学”的意味。所以，尽管付出了很多努力，但赫然巴特的《普通教育学》及《教育学讲授纲要》其实仍没有完全脱离形而上学的影响，它们在总体上依然沿用着哲学思辨的方法论，甚至被后世很多学者视为“哲学教育学”的典范。

学者们在该阶段之所以未能将教育学彻底改造为一门像自然科学那样的“科学”，是因为“在近代自然科学的曙光刚从地平线上升起的时候，形而上学的思辨仍旧被认为是探求世界终极真理的最有效途径，人们对待经验的态度是贬低和排斥，唯先验知识能奠定经验知识的坚实基础”[③]。而夸美纽斯、赫尔巴特等人进行的教育研究活动又显然未能完全摆脱这种社会思潮的影响，构建

---

① ［捷］夸美纽斯．大教学论［M］．傅任敢译．北京：教育科学出版社，1999：1.

② ［捷］夸美纽斯．大教学论［M］．傅任敢译．北京：教育科学出版社，1999：37.

③ 唐莹．元教育学［M］．北京：人民教育出版社，2002：44.

出的理论都或多或少地体现出了形而上学的意味。但即便如此，这些学者在反思以往“经验总结”和“逻辑推理”方法论的同时，还是为教育学研究方法论增添了很多有价值的新内容，并为接下来实证科学在教育学领域的兴起奠定了基础。

（三）“实证研究”的方法论阶段

从19世纪初到20世纪中叶，实证科学在人类社会的认识和生产领域获得了巨大成功，以数学、物理学、化学为代表的一群自然科学赢得了崇高的学术声誉，而传统哲学思辨方法则备受质疑，为改变自身的发展困境，包括社会学、经济学、教育学在内的一大批社会学科都开始了对实证主义研究范式的模仿和学习，继而进入了各自发展的实证化阶段。

将实验、量化的方法大规模应用于教育学领域的当属梅伊曼、拉伊所属的实验教育学派。实验教育学派认为，教育学如果想要成为一门科学，就不仅要进一步拓宽学科基础，吸纳更多的生物学科（如生物学、生理学、解剖学等）和价值学科（包括美学、伦理学、宗教哲学等），还要在方法上有所革新，不再像以往那样只局限于哲学思辨的方法论，转而要遵循自然科学所确立的实证研究的研究范式，采用观察、实验、调查、统计等方法，所以，“新教育学不仅拥有新的学科基础，而且还有自己特有的新的研究方法，这将把教育学提高到‘一门独立的科学’的地位，并使教育家变成这门新科学的研究人员，再也不必翘首等待心理学和哲学为他们提供有用的材料了。”[①]

除实验教育学派外，还有一些社会学者在对教育相关论题的研究中也采纳了实证研究的方法论，其中最负盛名的便是深信实证哲学的社会学家涂尔干。相对于实验教育学派在改造教育学研究方法论时所表现出的那种完全的自然科学化倾向，涂尔干等社会学学者更偏重于将教育现象作为一种存在着因果关系的客观事实（或事物）进行研究。涂尔干认为，教育从其起源、职能来看是一种典型的社会现实，而教育学也因此会比其他学科更加紧密地依存于社会学，所以，教育与教育学的这种特性决定了研究者在分析教育现象、进行教育学知识生产时，应坚持社会学对研究对象的基本主张，即“像看待事物那样看待社会事象”[②]，并认识到教育现象中存在着因果关系，而要贯彻这一思想，教育研

① ［德］拉伊．实验教育学［M］．沈剑平，瞿葆奎译．北京：人民教育出版社，1996：15.

② 这里的“事物”意为自然科学所研究的“物质的事物”。

究就应排除主观的束缚，防止价值观念、个人情感、意识形态等因素的介入，通过“自然”地观察、描述和解释，或是呈现现在和过去的教育现象，或是揭示现象中内在的因果规律，或是确定现象的结果。[①]

实证研究的方法论是以自然科学的研究方法为其“范本”的。一改传统教育学重视哲学思辨、重视经验总结的研究方式，实证研究的方法论使那些原本被轻视的“后验”的方法成为学者们认识教育现象的主要手段，从而开辟了教育学知识的科学化的实证主义道路，补充了教育学研究中长期以来对“量”的思考的缺失。然而，实证研究的方法论显然在“矫枉”的同时，又出现了“过正”的偏差，那些提倡教育学研究方法实证化的学者，大都认为“只有经验科学才是真正的、唯一的科学，因而唯有遵从经验科学的认识论规范，以发现与证实教育理论，教育学才能称得上是科学的”[②]。这不仅是一种以非科学的态度盲目推崇自然科学，贬低人文学科方法论的行为，同时也忽视了教育活动的特殊性，未能注意到其中蕴含着的教育目的、伦理道德等与“人”的主观精神层面相关的要素，剥离了教育学知识的人文性和价值性的一面。这种狭隘的科学观念日益为一些学者所警惕和批判，哈耶克（Friedrich August von Hayek）甚至将其称为“科学的反革命”，指出“在十九世纪上半叶，出现了一种新的态度。‘科学’一词日益局限于指自然科学和生物学科……由此便出现了狭义的科学（Science）方法和技术对其他学科的专制。这些学科为证明自身有平等的地位，日益急切地想表明自己的方法跟他们那个成就辉煌的表亲相同，而不是更多地把自己的方法用在自己的特殊问题上。可是，在大约一百二十年的时间里，模仿科学的方法而不是精神实质的抱负虽然一直主宰着社会研究，它对我们理解社会现象却贡献甚微。它不断给社会科学的工作造成混乱，使其失去信誉，而朝着这个方向进一步努力的要求，仍然被当作最新的革命性创举向我们炫料。如果采用这些创举，进步的梦想必将迅速破灭”。[③]理论界对狭隘的实证主义科学观的批判，为接下来人文主义研究方法论在教育学研究领域的复兴埋下了伏笔。

---

① 王养冲 . 西方近代社会学思想的演进［M］. 上海：华东师范大学出版社，1996：120–133.

② 唐莹 . 元教育学［M］. 北京：人民教育出版社，2002：44.

③［英］弗里德里希·A. 哈耶克 . 科学的反革命——理性滥用之研究［M］. 冯克利译 . 南京：译林出版社，2003：4.

（四）“多元转向”的方法论阶段

虽然自然科学的快速发展增强了人类认识世界和改造世界的能力，并最终为社会进步带来了巨大福利，然而，由于其中存在着对科学的窄化理解以及理性的过度膨胀，实证研究的方法论自 20 世纪中叶以后越来越多的在外部遭到人文主义者的批判，在内部受到历史主义者[①]的挑战，以致哲学领域中科学主义和人文主义的分化、对立日益加重。“属于科学主义哲学思潮的，有实证主义、逻辑经验主义、分析哲学（逻辑原子主义）、结构主义、科学理性批判主义、科学历史主义科学实在论等；属于人本主义哲学思潮的，有唯意志主义、新康德主义、新黑格尔主义、生命哲学、实用主义、存在主义、弗洛伊德主义、人格主义、哲学人类学和解释学等”。[②]在这样的背景下，教育学研究的方法论再次发生了变革，学者们不仅重新重视到了人文主义的方法论，还在改造原有实证研究方法论的基础上，推动教育学研究走向了一个多元方法论并存的新时期。

除实证研究的方法论外，这一时期广为接受的方法论主要还有语言逻辑分析、解释学以及“批判”的方法论。首先，语言逻辑分析主要是谢夫勒、彼得斯、索尔蒂斯等分析教育哲学家采用的方法论。在研究对象上，持有语言逻辑分析方法论的研究者不再像传统哲学家那样，重视对“实体”、“共相”、“物质”等问题的思考，而是关注如何使概念、命题等内容在语言表达方面的清晰明确和富有意义，为此，这些学者大都主张以语言的清晰性和意义性为标准，对教育理论的陈述体系或者该体系中的核心概念、重要命题及命题类型进行分析、检验和澄清，从而消除教育理论中无意义的争论，促进各种教育理论的合理表达和正常交流。

另外，解释学是从德国文化教育学发端而来的一种研究方法论。文化教育学者们认为，人类社会的教育制度、目的、方法等内容，总是会受到教育思想和教育价值观的影响，而这些思想和价值观又总是记录在包括教育论著、学校章程、教育法规之中，所以，“教育学研究首先应解释这些文本，在弄清教育历史渊源的情况下，对教育理论获得正确的理解，对教育实际做出正确的判断，

① 历史主义者继承了波普尔科学发展动态模式的观点，认为科学不是个别命题的逻辑结合，而是许多相互联系的原理、命题构成的统一整体，他们反对静态地研究科学发展的模式，而主张将科学哲学和科学史的研究结合起来，从科学的历史中寻找科学发展的动态模式。主要代表人物有图尔敏、库恩、拉卡托斯。

② 杨寿堪，李建会 . 现代科学主义与人本主义哲学的基本特征及其走向［J］. 学术月刊，2011，（11）：8–14.

从而能寻觅解决实际问题的理论来”[①]。至20世纪70年代，随着狄尔泰、韦伯、伽达默尔等人著作的翻译，解释学的方法论逐渐由德国拓展到英语国家，并对这些国家的教育研究产生了巨大影响，出现了“解释学的教育学”，它主要分为三种研究取向：第一种是哲学取向，“它从理解的认识论角度，重新为教育活动的意义进行变化”；第二种是规范取向，“它为教育者、为学校的课程设置提供价值观的引导”，“指导教育者如何以理解的方法去认识自身，从而去认识教育世界、认识学生”；第三种是描述性取向，“它力图通过解释的方法，去理解造就了教育现实的社会过程，从而理解教育机构及各种教育活动的意义”。[②]

“批判”的方法论是在借鉴德国法兰克福学派社会批判理论基础上发展起来的，它“力图克服实证主义和诠释主义的不足，兼取两者的优势，建立一种富有结合实例和行动力的综合理论”。[③]这一方法论包含着对社会的批判态度，认为若要实现教育实践的改进，就不能仅研究教育的社会条件，而要对造成教育现状的社会条件展开批判。为此，持有“批判”方法论的研究者往往视教育为一种深受意识形态影响的社会、文化活动，通过对它的“批判”，研究者要尽可能地分析隐藏在其中的“意识形态”和“权力关系”，揭露教育领域中存在的社会压迫和社会不公现象，从而帮助教师和学生产生反抗的意识，摆脱压迫和束缚，实现社会的公平正义，实现个人的自由解放。

较之前面三个阶段，20世纪科学主义和人本主义哲学的论争，在丰富教育哲学的思想流派，以及推动当代教育学研究呈现出“百舸争流”的繁荣局面的同时，却也模糊了教育学知识生产的方法论标准，使得教育学知识生产的过程很难再出现单个研究方法论占据主导地位的状况。这虽然有助于拓宽教育学学科建设的方法论基础，帮助教育学在“集思广益”中快速前行，但也可能因教育学研究方法论统一规范的缺失以及对其他学科方法不加甄别的“拿来”，诱发教育学研究者们各说各话、各行其道的弊端，最终导致教育学知识的生产有“多元”而无“统一”，有“分化”而无“融合”。因此，如何使教育学研究方法论兼顾科学与人文、多元与统一，将会是接下来很长一段时间内制约教育学知识科学化深入发展的瓶颈性问题之一。

教育学研究方法论，尤其是当代教育学研究方法论，远比文中呈现的更加

---

① 王坤庆．教育学史论纲［M］．武汉：湖北教育出版社，2008：225.

② 唐莹．元教育学［M］．北京：人民教育出版社，2002：268-269.

③ 程亮．教育学的“理论——实践”观［M］．福州：福建教育出版社，2009：27.

丰富和多样，所以，上文基于时间顺序对教育学知识生产方法论的梳理，仅仅在于提供一种全景式扫描，笔者无意也无力完整地再现教育学发展历史中方法论的点滴变化。然而必须强调的是，在划分不同阶段时，笔者虽然更为注重不同教育学研究方法论的差异性和独立性，但事实上，其中的很多方法论之间都存在着继承与发展、沟通与融合的关系，如“哲学思辨”方法论就有着对“逻辑推理”方法论的继承，而在本质上隶属于人文主义的“语言逻辑分析”方法论也并未完全排斥“实证研究”方法论中的合理成分，而且一样秉持着对理性和逻辑的重视态度。故而，在教育学的历史演化过程中，教育学的研究方法论几乎很少发生断裂式的跨越发展和完全的二元对立，这就要求我们在探讨和选用教育学的不同研究方法论时，既要了解它们之间的互异性，明晰各研究方法论所蕴含的价值前提和对应的具体方法，还要觉察它们之间的共通性，防止“非黑即白”的思维方式，认识到“教育既具有科学性，又具有人文性，是科学性与人文性相互融合的一种培养人的活动。教育研究必须同时运用科学的方式和人文的方式，坚持科学人文主义的方法论思想。”①

二、“专属”还是“共享”——教育学研究方法论的独立性探析

教育学研究方法论的独立性探析，即是对“教育学研究有无独特的方法论”做出回应。从教育学研究方法论的历史沿革中不难看出，教育学研究范式的每一次转换几乎都是在变化了的哲学观和丰富了的方法论影响下完成的，教育学研究方法论的科学化和科学化的教育学研究方法论历来是实现教育学学科独立和推动教育学知识科学化必不可少的途径。

尽管教育学的学科建设需要一定的方法论，然而教育学自诞生以来却往往缺少专属于自己的独特方法论，如若仔细剖析当前那些教育学中常见的“研究方法论”，就会发现它们中的大部分都是“徒有其名”：一方面，这些方法论虽然看似是教育学学科之内的研究方法论，但它们大多是教育学研究者从其他学科那里“引入”到教育学研究领域的“他山之石”，所以，教育学实际缺少对方法论的原创性；另一方面，教育学在“引入”其他学科的方法论后，虽然在

---

① 扈忠平．教育研究必须坚持科学人文主义的方法论［J］．教育研究，2003，(3)：14-17.

形式上已经赋予了它们"教育"之名，但却没有对这些方法论进行实质意义上的"教育学化"，即将来自其他学科的"他山之石"转化为教育学专属的研究方法论，它们依然为教育学之外的很多学科所共享，所以，教育学实际还缺少研究方法论的独特性。既然教育学的研究方法论既失于"原创"，又失于"独特"，那么，按照我们以往判定学科成立的标准（学科成立 = 独特的学科研究对象 + 独特的学科研究方法），教育学似乎很难再被继续视作一门独立的学科，或者，教育学根本就是一门没有独特方法论的"伪"学科。但事实果真如此吗？

长期以来，人们惯于将专门的研究方法视为形成独立学科的前提条件，而诸如哲学、数学等一些较早发展起来的基础性学科，也确实符合这一要求，它们不仅在出现伊始便已划定了专属的研究对象和研究领域，而且还于其内部形成了一套与各自学科性质及内容相匹配的方法论作为研究者认识研究对象的工具。无独有偶，在教育学的初创阶段，学者们对教育学的建构也采用了大体相同的思路，希望通过独特研究方法的创设来提高教育学的学科成熟度，以使教育学尽快从哲学母体中分离出来，成为一门有着专属研究对象和专属研究方法的学科。譬如，赫尔巴特之所以会将"科学"的方法（实则依然属于哲学思辨的方法论）引入教育学研究，从而创立基于实践哲学和心理学的"科学教育学"，就与他期待教育学早日赢得独立学科地位的个人诉求萦绕在一起，即赫尔巴特在《普通教育学》中指出的那样："如教育学希望尽可能严格地保持自身的概念，并进而形成独立的思想，从而成为研究范围的中心，而不再有这样的危险：像偏僻的被占领的区域一样受到外人治理，那么情况可能好得多。任何学科只有当其尝试用自己的方式，并与其邻近科学一样有力地说明自己方向的时候，它们之间才能产生取长补短的交流。"①

虽然不能否认以赫尔巴特为代表的那些早期教育学研究者们的良好初衷及其付出的艰辛努力，但从整个教育学的学科发展历史来看，他们为教育学形成独特研究方法所进行的尝试并未取得真正意义上的成功。无论是近代哲学教育学的思辨法、实验教育学派的实验法，还是当代分析教育哲学的"语言分析"法、批评教育学派的"批判"法等，究其实质，都是在对其他学科尤其是哲学、社会学等研究方法的吸收借鉴中演化来的，而这一"无独特方法"的方法

---

① 赫尔巴特文集（3）[C]：教育学卷一．李其龙，郭官义译．杭州：浙江教育出版社，2002：11.

论取向在教育学的学科建设中至今没有得到根本改观，教育学研究者对其他学科研究方法“拿来即用”的状况依然普遍存在。

实际上，缺少自身独特研究方法的学科有很多，而教育学也并不是其中最具代表性的个案，即便像物理学、化学这样被人们奉为有着高度科学化水平和严密研究方法的经典学科也面临着同样的状况。以物理学为例，物理学亦从哲学分化而来，它之所以能够快速突破哲学母体的“藩篱”，成为一门备受尊重的独立学科，并不在于它对独特研究方法的刻意追求，而是因为它对实证研究、逻辑推理这些“其他学科方法论”的恰当应用。而且到目前为止，虽然经物理学已经有了相对成熟的研究范式和理论体系，但也很难辨别清楚其中的哪一种常用“物理学方法”可以被算作物理学的专属方法。所以，仅就研究方法的独创性和专属性方面来考量，物理学并不见得比教育学有多少高明之处。然而，与这种研究方法的“不高明”形成鲜明对比的是，独特研究方法的缺失并没有阻碍物理学的进步，也并没有使物理学沦为其他学科的领地。相反，通过对多学科研究方法的综合运用，物理学家们产出了诸多能为人类生产生活实践提供强大解释力和指导力的知识内容，从而使物理学在不断巩固自身独立学科地位的同时，还能享有为其他大多数学科难以企及的学术声誉。

按照“学科成立 = 独特的学科研究对象 + 独特的学科研究方法”的逻辑思路，物理学的学科发展历程显然是“有悖常理”的，但问题在于，这种貌似“不合理”的现象其实并不是一个偶发性的小概率事件，它不仅普遍存在于物理学、化学这类研究范式较为成熟的学科之内，而且在那些与教育学有着相近发展历史的社会学、经济学等学科中也十分常见。所以，如果将上述学科的演化过程与以往学科成立标准间的矛盾简单地归结为一种“例外”，那么这种“例外”发生的频次不免过高。据此，我们有理由相信，是以往判定学科成立标准本身的局限性，而非学科发展过程对判定学科成立标准的背离，才导致了上述的“不合理”现象的频频发生。而在当前的学科发展背景下，假若我们依旧坚持以往判定学科成立的标准，或者依旧强调独特研究方法之于学科发展的必要性，那么这种“预设标准”与“学科发展事实”之间的逻辑悖论就会继续存在下去。

事物的发展是绝对运动和相对静止的统一，这要求判定学科成立的标准也要适时且能“因科而异”地做出调整，从而与不同学科发展变化的趋势保持一致。20 世纪以来，随着人类对世界认识的不断深入，各学科研究对象的内容与属性愈趋复杂，“每一门学科采用单一的研究方法已经不足以充分把握研究对象。各种跨学科的研究领域纷纷脱颖而出，更显示出研究方法的通用性质，从而导致‘学科’观念的变化：不但‘独特的研究方法’不再是学科得以成立的必要条件，相反，单一研究方法的成效越来越受到怀疑”。[①] 教育学的发展也面临着同样的局面：一方面，如今的教育（事实）已不再停留于夸美纽斯、赫尔巴特时期的那种简单状态，其中不但衍生出诸如远程教育、社区教育、特殊教育等这些新的教育类型，而且还产生了许多新的教育内容、教育技术及教育途径，即便是教师这一古老的职业，也表现出了专业化的新动向。另一方面，由于时空环境的变迁，在现代社会中，不仅涌现出了大量以前未曾遇到或者尚不突出的新的教育问题，而且这些问题形成的原因也更加复杂。一个教育问题往往不单纯是一个“教育自身的问题”，它还是政治、经济、文化等多重要素“合力”作用下的结果，对它们的分析和解决总是需要借助多个学科的多种视角和方法。教育（事实）和教育问题的这些变化，决定了从中归纳出的教育现象会因此而变得愈发复杂多样，加之这些现象本身又由多种要素构成，所以在此背景下，如果还依然坚持要用一些“独特的研究方法论”来实现对复杂教育现象的整体把握，显然是不切实际的。

综上所述，方法论虽然在任何学科那里都是一个至关重要的大问题，但随着时代的改变，是否形成专属的方法论，是否保有独特的研究范式，却不再直接关系到学科的兴亡存废，“从逻辑上讲，推崇多学科的研究，仍然在很大程度上是以学科的边界存在为前提的；从结果来说，多学科的研究未必削弱学科之间的边界，相反，却有可能强化这种边界意识”。[②] 换言之，方法论的价值在于解决问题，而不在于彰显“学科之为学科”的特性，如果一种方法论不能对本学科的问题加以有效解决，那么，纵使该方法论能将本学科的特性体现得淋漓尽致，它也是一种对学科发展没有任何实际价值的方法。具体到教育学知识生产领域，既然存在于教育学研究方法论中的跨学科和多元化趋势符合我们当前研究教育现象需要，而独特方法论的缺失又确实无损于教育学的学科独立性，那么我们就当改变“一把钥匙开一把锁”的“方法观”（即对待方法的基本态度）和以往判定教育学成立的标准，不再继续将精力倾注到教育学是否需要独特方法论以及能否产生独特方法论的问题上，转而抱着开放的态度去接纳和

① 陈桂生．关于“教育研究方法”的比较研究［J］．比较教育研究，1997，（1）：7-11.

② 程亮．教育学的“理论——实践”观［M］．福州：福建教育出版社，2009：173.

改造那些从其他学科引入到教育学研究中的方法。“我们与‘守势’论者一样也认为，奉行‘拿来主义’，不加检视地‘应用’或者‘移植’其他学科的成果，有可能使教育学陷入‘学科殖民化’的境地。但是，我们也赞同‘攻势’论者的论断，即不能对这些对教育学有可能有贡献的学科采取拒斥或防范的态度——这可能是‘因噎废食’的做法”。[①]此外，教育学研究者还要努力提高教育学研究方法论之于教育现象和教育学科的适用程度，藉此像物理学、化学那样不断增强内容的解释力和说明力，产出更多令人信服的教育学知识，从实质内容而非外在形式上根本性地提高教育学的科学化水平。

三、“多元”还是“一元”——教育学研究方法论的多样性探析

教育学学科建设中存在的问题在教育学的不同发展阶段总会有所差异。受限于当时人类整体认识水平的低下，教育学在诞生之初，还存在着较为严重的方法缺失问题，其研究方法无外乎经验汇总和哲学思辨两类，它们不仅不能为教育学研究者生产教育学知识提供有力支持，而且还限制了教育学知识科学化程度的提高。之后，随着教育学研究者视域的开阔，及对相关学科研究方法的借鉴，教育学逐步摆脱了方法的单一化局面，并引入了语言分析、解释学、现象学等新的哲学方法论，教育学知识的内容也因此变得愈加丰富和多元。但与此同时，由于缺少统一的研究规范、明确的问题意识和学科立场，方法的增多却也没有使教育学的不成熟状态得到根本改观，教育学知识的有效性反倒因学者在选择和运用方法时“怎么都行”的态度和“随意而为”的方式而备受质疑。故而，本不是问题的“教育学研究方法的多样性”在当代教育学的学科建设中俨然成为一个亟须解决的突出问题，它关系到教育学研究者如何使教育学知识生产的方法论在“分化”与“整合”、“多元”与“统一”中保持一种适度的张力，从而使教育学研究的方法论既能紧跟时代发展，积极借鉴人类于认识领域取得的新成果，又使教育学研究的方法论能够在多元化的趋势中保持一定的标准和规范，不至“为方法而方法”，将本应作为手段的研究方法误当作研究目的。在下文中，笔者对教育学研究方法论的多样性探析即是对这一问题的

---

① 程亮．教育学的“理论——实践”观［M］．福州：福建教育出版社，2009：173.

回应。

现代性的成功与科学研究方法尤其是产生于自然科学之内的实证研究方法的成熟息息相关。在现代性的视角下，真正的知识不是主观臆测或感性经验的知识，而是认识主体对认识对象本质属性进行理性“反映”的结果，是一种历经证明或证实的客观、普遍和可靠的知识。要获得这些知识，人们总是需要以学科对象和方法的完善为前提，而研究方法作为研究对象的认识工具，不仅制约着我们对研究对象的认识的广度和深度，还在一定程度上决定着我们从研究对象中得出的知识具有多高的真实性和可靠性，所以，研究方法在知识生产中绝非是一些可供随意替换的手段，那些“有关知识问题的争论或者可以归结为对观察和实验方法的争论，或者可以归结为对数据处理的争论，或者可以归结为对假设或推理过程的争论”。①

现代性对科学研究方法的重视带来了科学理论和科学技术的极大繁荣，而这一繁荣又进一步增强了科学及其方法的社会声望，使科学变得愈加受人尊重，“尊重知识是人最突出的特征之一。拉丁文称知识为 scientia，从而 science（科学）一词便成为最受敬重的一部分知识的名称”。② 纵观整个 19 世纪，伴随着认识世界、改造世界能力的提高，人类对科学的信任感与依赖感与日俱增，越来越多的人笃信，科学理论是超越时空限制的永恒真理，对科学研究方法恰当运用定会引导我们创造一个更加美好的未来。在对科学盲目推崇态度的驱使下，一些西方发达国家甚至出现了科学理性过度膨胀的状况，极端的科学主义者将原本倡导理性的科学变为了一种非理性的“宗教”，它奉行研究中的唯科学主义，并带给人们这样一种错觉，即科学的方法论及在科学方法论指导下的具体研究方法，是人们认识人与自然、人与社会奥秘的唯一正确道路，而以实证研究为主要内容的自然科学方法论则是唯一值得信赖的方法，人类可以按照一定标准把复杂的自然现象和社会现象分化为不同类型的要素，并通过对这些要素的归纳、分析，就能得出关于世界的正确知识。显然，“唯科学主义观点不同于科学观点，它并不是不带偏见的立场，而是一种带有严重偏见的立场，它对自己的题目不加思考，便宣布自己知道研究它的最恰当的方式”。③

---

① 石中英．知识转型与教育改革［M］．北京：教育科学出版社，2001：64.

② ［英］伊·拉卡托斯．科学研究纲领方法论［M］．兰征译．上海：上海译文出版社，1999：1.

③ ［英］弗里德里希·A·哈耶克．科学的反革命——理性滥用之研究［M］．冯克利译．南京：译林出版社，2003：6.

出于对“科学宗教化”问题的担忧，20世纪初至20世纪中叶，由人文主义者和科学哲学中的历史主义学派共同掀起了一场针对近代以来科学主义及科学方法论的反思运动，他们中有很多人认为：“传统的观念把科学合理性等同于形式的合理性，信奉一种形式化的科学方法，如果一个理论的接受与拒斥可以得到一些原则的辩护，那么就是合理的，否则就是不合理的。这种过于狭窄和抽象的合理性概念会将许多科学内容、科学信念归于非理性；而且这种合理性标准常常是预设的、绝对的、超乎科学理论和科学实践之上的，不仅不符合科学史的实际，在实践中还会成为科学发展的障碍，因此必须修改。”① 为改造科学方法的“形式合理性”，淡化“唯科学主义”的倾向，在对波普尔“证伪主义”以及弗莱克（Ludwik Fleck）“思想集体”（Thought Collective）学说的吸收借鉴中，科学哲学中的历史主义学派开始兴起，经过图尔敏（Stephen Toulmin）、库恩、拉卡托斯等人的发展，逐渐打开了科学哲学通往相对主义和非理性主义的“大门”，并最终形成了费耶阿本德（Paul Feyerabend）“反对方法”的方法论主张。

无论传统的证实理论还是波普尔的证伪理论，以往的科学哲学家大都认为科学理论是客观、中立和可靠的，科学研究也是一个由理性主导的过程。然而，历史主义学派却与之不同，在他们看来，科学理论自身的意义并不是通过证实或证伪获得的，每种科学理论都有自己的核心原则，而这些原则又是先于我们对世界的观察而存在的，所以是“先在”的理论② 指导我们“发现”了经验事实，并对经验事实给出了解释，一旦这些“先在”理论发生转变，我们对世界的认识方式、基本观点也将随之变化，而这种转变在库恩的范式理论中几乎完全是取决于科学共同体社会心理因素，且没有规律可循的非理性过程。费耶阿本德继承和发展了上述思想中的非理性部分，并以一种更加彻底和激进的态度对科学方法论展开了批判。

通过对科学史的考察，费耶阿本德指出，在传统的观点看来，“科学的成功归功于正确的方法，而不仅是由于幸运的机遇。导致进步的，不是幸运的宇

---

① 杨寿堪等.20世纪西方哲学科学主义与人本主义［M］.北京：北京师范大学出版社，2003：139.

② 历史主义者对“‘先在’的理论”有不同的称谓，如图尔敏称其为“自然秩序的理想”、拉卡托斯称其为“研究纲领”，库恩称其为“范式”。

宙学猜想，而是正确的和宇宙学上中性的数据处理”，[①]但是，任何一种方法即便在当时看来非常正确，有朝一日终会被科学家们所违反，这同时也是实现科学进步的重要条件，所以，科学本无特殊的方法和绝对的正确性。然而，在费耶阿本德看来，科学却总是惯于采用各种手段拼命维护自己较之于宗教、神话的权威，它“到处都在利用非科学的方法和非科学的成果丰富自己，而那些常常被看作科学之必要部分的程序则被打入了冷宫”[②]，以致使现代社会深受科学沙文主义的影响，而“科学沙文主义是一个远比理智污染问题更为严重的问题。它甚至可能是这种污染的主要原因之一。科学家不满足于按照他们所认为的科学方法法则来营造他们自己的婴儿围栏，他们想推广这些法则……为达此目的，他们运用自己掌握的一切手段”[③]。为消解科学沙文主义，科学就要引入非理性的元素，因为“只要是科学，理性就不可能是普适的，非理性也不能加以排除。科学的这个特点要求一种无政府主义的认识论。科学并不是神圣的，科学和神话的论战已不分胜负地停止了。认识到这一点将进一步增强无政府主义的论据。”[④]在此基础上，费耶阿本德遂提出了具有非理性色彩的多元主义的科学观和无政府主义的方法论，意在反对存在于科学研究中普适性的方法论准则，他认为，所有的科学研究方法都有它的局限性，为实现科学的发展，我们不需要也不可能有绝对有效和普遍适用的方法，反倒应坚持“怎么都行”的无具体规范和标准的多元方法论。

费耶阿本德的观点对传统的科学方法论而言无疑是颠覆性的，他甚至将原本完全对立的科学和宗教、理性与非理性融合在了一起。当然，科学的方法并不一定就是正确的，“无政府主义的方法论”不仅有助于消弭因科学研究中理性过度膨胀而导致的对人文精神的贬抑，使人在求真之余，保有求善、求美之寄托，也有助于规避科学沙文主义的危害，使科学不致成为新的宗教。但是，这种方法论显然抹杀了科学尤其是自然科学与宗教、神话在认识方式、话语陈述

---

① ［美］费耶阿本德．反对方法——无政府主义知识论纲要［M］．周其昌译．上海：上海译文出版社，1992：264–265.

② ［美］费耶阿本德．反对方法——无政府主义知识论纲要［M］．周其昌译．上海：上海译文出版社，1992：264–265.

③ ［美］费耶阿本德．反对方法——无政府主义知识论纲要［M］．周其昌译．上海：上海译文出版社，1992：187.

④ ［美］费耶阿本德．反对方法——无政府主义知识论纲要［M］．周其昌译．上海：上海译文出版社，1992：138.

方式上的突出差异，并且将理性与非理性的因素混杂在一起，容易导致科学研究缺少统一规范、怀疑主义大行其道。

作为一种较为偏激的后现代方法论，费耶阿本德的方法论主张虽然提出了“反对方法”的口号，但就其核心思想来看，它其实并没有真正要求在科学研究中彻底取缔方法，只不过希望消除那些对方法有着约束作用的研究规范和标准，使人认识到科学研究方法，特别是自然科学的研究方法，并不是颠扑不变和绝对正确的真理，从而启示研究者认可研究中非理性的成分，尊重每一种研究方法，奉行研究观念和方法上的多元主义，而这也确实对自 20 世纪下半叶以来很多学科的研究产生了重大影响。

具体到教育学研究领域，尽管尚没有教育学研究者明确提出教育学知识生产要“反对科学研究方法”抑或“取消科学研究方法”，但当前的教育学研究又确确实实体现出了一定的“无政府主义方法论”的态势：教育学研究正面临着一个自本学科诞生以来研究方法最为繁荣和多元的时期，“纵观近 20 多年来我国教育研究深入发展，表现为从经验走向理论，从单纯的定性分析走向定性与定量分析相结合，调查研究和实验也有了较好的发展，建立了多元的教育研究方法体系。教育和人的复杂性及各种研究方法的互补性，决定了教育研究应采用多层次、多方面、多指标的方法。”① 基于这样的背景，学者们对教育学研究方法论进行了大幅扩充，而每每翻看《教育（科学）研究方法》之类的相关书籍，我们几乎总能看到教育观察研究法、教育比较研究法、教育实验研究法、教育质化研究法、教育行动研究法等这些名目繁多的研究方法，教育学研究者似乎再也无需为方法匮乏而苦恼。然而，由于对方法认识的不透彻、对问题把握的不明确以及一些外在的功利性目的，教育学研究方法的丰富反倒引起了研究者对方法的滥用，他们或者为彰显研究的“全面”，抱着增强论证说服力的心态，在研究设计中罗列了多种与研究主题无关或者较少涉及的方法；或者为追求研究的“新奇”，抱着另辟蹊径的心态，在对方法不甚了解的情况下，盲目将“新”方法应用于研究问题。虽然教育学知识的科学化确实离不开研究者“兼容并包”的治学态度，也确实离不开研究方法的“枝繁叶茂”，但如此混乱地使用方法只能导致教育学知识的杂乱和无效，进一步降低教育学的学术声誉。

---

① 李凤艳 . 我国教育研究方法的历时态研析［J］. 内蒙古师范大学学报（教育科学版），2005,（7）：28.

丰富的研究方法是学科进步的重要前提，这已经为大多数学科的发展历史所证明。例如，经济学、物理学在出现之初，其实也像教育学一样沿用了从哲学母体那里继承来的思辨方法，但随着它们对数学成果的大规模转换和应用，这两门学科迅速走向了成熟，已分别成为现代社会科学和自然科学的典范。因此，笔者无意对当前教育学研究方法论的多元化趋势进行诟病。然而，教育学研究方法论的多元化绝非要求我们要像费耶阿本德主张的那样取消教育学研究的标准和规范，毕竟方法论的多元化和方法选择标准的一元化之间并不存在严重的对立和冲突：首先，从二者的逻辑关系看，教育学方法论的多元化，意指教育学研究方法总量日益增多，即教育学方法论的建设方面的多元化，而教育学方法论选择标准的一元化，意指在涉及研究方法的选择时，教育学研究者的“学术共同体”应坚持一些一以贯之的原则，即教育学方法论运用方面的一元化。由此可见，前者重在说明教育学研究方法的变化趋势，为的是向我们描述“发生了什么”，后者重在规范教育学研究方法的运用，为的是解释面对众多方法我们“应当做什么”，二者实属于教育学知识生产方法论的不同层面。其次，从二者发生发展的历史关系看，教育学方法论的多元化出现的时间较晚，它是教育学自 20 世纪中叶以来方才产生的一种趋势，并且是一个仍在进行中的动态过程。与之相对，方法论选择标准的一元化则是研究者从事教育学研究始终需要坚守的一些原则，它不会随着时间的变化而任意改变，具有相对的普遍性和恒定性。在教育学的学科历史中，教育学方法论选择标准的一元化并没有限制和阻碍教育学方法论建设的多元趋势，相反，即便在方法论愈加丰富的今天，但凡涉及研究方法的选择问题，也总是需要以一定规范和标准为指导，也只有这样，才能保证研究方法之于研究对象的适用性，才能保证得出的教育学知识不会言之无物。

总之，严格的方法选择标准不会束缚教育学研究方法的多样性，而多样性方法效用的发挥却需要以恪守严格的方法选择标准为前提，这决定了在教育学研究方法论的建设层面，为继续提高教育学的学科成熟度，教育学研究者应不断拓宽自身的研究视野，从而尽可能地推动教育学研究方法论的多元化。但与此同时，在教育学研究方法论的实际应用层面，为保证教育学知识的有效性，教育学研究者必须奉行严格的方法选择标准，在深入地理解方法的基础上，选择最适合用作研究对象的方法，即我们在方法论的建设中可以“怎么都行”，但在方法的选用过程中却绝不能“怎么都行”，教育学方法论的发展必须坚持

“多元”（推动方法的多样性）和“一元”（确保选择标准的严格）的统一。

四、基于研究对象的方法论——教育学研究方法论的选择标准①

既然教育学知识生产方法论需要坚持“多元”与“一元”的统一，而“多元”又是一个已经确定的事实，那么，当前最重要的就是澄清教育学研究方法论的选择到底需要遵循哪些具体的标准。同时，考虑到研究对象对研究方法的制约性，在下文中笔者将以教育学研究的“对象意识”作为出发点，探究选择教育学研究方法论的原则。

研究方法总会和研究对象相关，它们之间有着辩证统一的关系。一则，研究方法具有对研究对象的制约性。研究方法是用来分析研究对象的，对任何研究对象的研究，都需要借助一定的研究方法，而研究对象能否得到恰当、深入的分析，直接受制于研究者选取的研究方法。方法对了，就会提高研究的效率，得出准确有效的研究结论；方法错了，不仅阻碍研究过程，还可能导致对研究目标的偏离，并最终影响所产出教育学知识的真实性和可靠性。再则，研究方法具有对研究对象的依存性。由于仅仅是我们揭示事物本质和发现事物规律的认识工具，方法论本身处于不带任何主观色彩的中立状态，如果脱离具体研究情境、脱离具体研究对象而单纯讨论方法论的优劣问题，是毫无意义的。方法论只有在和研究对象结合后，研究者方能根据方法论之于研究对象的适用程度给出自己的价值判断，而一个被研究者定义为“好”的方法，其实并不是与生俱来的“好”方法，它只是因为更加适合于某一个（或某一类）研究对象，才被我们赋予了“好”的赞许。在这一问题上的“好”方法，被用作其他研究对象时，可能就又变成了“坏”方法。换言之，脱离研究对象的方法其实没有“好坏”之分，只有在研究对象中的方法才有“适用或者不适用”的差别，研究方法“应根据研究问题来选用，并应该能直接回答该问题。将问题与方法直接联系，可以允许我们进行一系列建立在调查方法、数据、假设的互相

① 研究对象也可称之为研究问题，而对象意识也就是问题意识。笔者之所以在这里采用研究对象来表述，是为了防止和第三章中的“教育问题”形成混淆，而本章下文中的“问题”一词，也多是指“研究问题”而非“教育问题”。

作用下的逻辑推理，从而产生合理的结论”。①

“方法”对“对象”的依存性，决定了我们在选择研究方法时要从“对象”本身出发，坚持教育学研究方法论选用的“对象意识”。而研究对象决定研究方法，就像“我们吃面条的时候用筷子，喝汤的时候用勺子，我们是根据‘吃什么’来选择‘怎么吃’。教育研究的道理也是如此，研究方法的价值在于它能否有效研究的教育问题，教育研究应根据问题选择方法，而非拿着方法套问题。”②教育学知识研究方法论选用的“对象意识”主要体现在以下三个方面：

第一，要保证所选择的方法论是适用于“教育学研究对象”的方法论。虽然某一学科的方法论不仅不必是该学科的专属方法论，而且它们是否具有独特性已经不再对学科的独立地位产生直接影响，但这并不就是说某一学科的研究方法论可以脱离“学科立场”而成为一个“有学科之名而无学科之实”的独立范畴，研究者对它们的选择和运用仍需要以推动学科发展为其首要目的。仍以物理学为例，实证研究作为物理学中最常见的一种方法论，在其他自然科学类的学科中也被广泛使用着。然而，与此形成鲜明对比的是，因为物理学采用实证研究的目的在于对物理现象而非其他学科研究对象的分析，在于对物理学理论而非其他学科理论的丰富，所以导致物理学中的实证研究法其实始终都在服务于物理学的学科建设，它不仅在外在形式上可以被冠以“物理学”之名，而且在内在功用上也的确体现着“物理学”之实，是一种面向物理学学科研究对象的、旨在推动物理学学科内容建构的“非物理学专属却为物理学所用的方法论”。反观教育学，因为缺少明确的对象意识和坚定的学科立场，很多研究者在对其他学科研究方法的借鉴过程中，往往在过多关注方法新颖性的同时，却相对忽视了要事先审度这些方法能否真正推动教育学走向成熟，能否真正带来教育学知识的不断丰富，以致他们用该方法刻意“寻找出”的研究对象或者并不属于教育学的研究领域，只是一些挂有“教育”之名的经济现象、政治现象、文化现象等，或者对教育学的发展并无多大效用，只是“新瓶装旧酒”，单纯采用了一种新的研究方法。故而，教育学研究者对方法的选择必须坚持着眼于教育学自身成熟与繁荣的“学科立场”。这要求教育学研究者首先要考虑方法之于教育学研究对象的学科性，确保他们采用的方法能够服务于教育学的学科建设，服务于对教育现象的解释和教育规律的发现，服务于教育学知识的

① ［美］国家研究理事会．教育的科学研究［M］．曹晓南等译．北京：教育科学出版社，2006：58-59.

② 张海波．教育问题的前提批判［D］：［博士学位论文］．长春：东北师范大学，2011：83.

科学化程度的提高，而不是去“越俎代庖”，用非教育学的方法去验证或建构其他学科有关教育活动的理论，沦落为其他学科方法论的“试验场”。另外，教育学研究者还要考虑方法之于教育学研究对象的深入性，将关注点置于研究方法的“实用”而非“新颖”之上，确保采用的方法确实是出于分析某一研究对象的需要，也确实适用于对该对象的分析，从而以研究对象的真实性和研究方法的有效性为基础，深入透彻地分析教育现象，得出一些可信度较高的教育学知识，以此来确保教育学可以为他人认可和尊重。

第二，要保证所选择的方法论是适用于“具体研究对象”的方法论。近年来，有越来越多的新方法被学者们吸纳进了教育学领域当中。不可否认，方法的增多确实有助于我们发现和分析一些新的研究对象，但与此同时，教育学研究中却也随之出现了一种“拿着方法找问题”、“重方法而轻问题”的“唯方法论”倾向。当然，研究对象与研究方法并不互斥，研究对象是择定研究方法的依据和验证方法的途径，而研究方法则是分析研究对象的必要条件和发现新问题的有效手段，脱离研究方法而寻求对研究对象的分析，或者脱离研究对象而讨论研究方法的价值，都将是无稽之谈。所以，“一般而言，问题中有方法，方法中有问题。所谓问题中有方法，其意为问题如何提出本身就受方法论的影响。理论主体提出什么样的问题，选择和研究什么样的问题，潜在地受方法论的制约。反过来，说方法中有问题，指方法本身就会成为一个问题。主体对问题的解决，采取什么样的方法，为什么采取这样的方法，就是个方法问题。”[①]尽管教育学的研究方法和研究对象之间也同样存在这种互为因果的辩证关系，但它们却不是一对并列的范畴，相反，由于教育学研究者运用研究方法的目的在于解释教育现象，发现教育规律，即对“教育是什么”、“教育应当怎么做”等问题予以回答。因此，在教育学研究中，研究对象是第一性的，它在逻辑上处于优先位置，决定了所需要采用的研究方法，而研究方法则是第二性的，它的效用必须在对研究对象的研究中方能体现，“提出一个问题通常比解决这个问题更重要，因为解决问题可能只需要数学或实验技巧。而提出新问题、发现新可能性或以新的视角看待旧问题，却需要具有创造性的想象力，这标志着科学的真正进步”。[②]总之，“拿着方法找问题”虽不全然是一种错误的做法，

---

① 周作宇．问题之源与方法之镜——元教育理论探索［M］．北京：教育科学出版社，2000：141.

② ［美］国家研究理事会．教育的科学研究［M］．曹晓南等译．北京：教育科学出版社，2006：52.

但其中仍然存在“本末倒置”的纰漏，违背了问题与方法的逻辑顺序。[①]为此，研究者在选择研究方法时，就当从拟要研究的具体研究对象出发，综合本研究所要达成的目标、建构的知识内容以及研究对象的性质等多方面的因素去评定哪一些方法是适用于本研究的方法。例如，虽然都是以教育目标为主题展开的研究活动，假设我们想要了解某一地区教育目标的实际构成状况，就需要从“该地教育目标实际是什么”这一研究对象出发，采用实证研究和经验总结的方法论，并运用问卷调查、访谈、资料搜集等具体方法。反过来，假设我们想要对某一地区的教育目标进行应然建构，就需要从“该地教育目标应当是什么”这一研究对象出发，采用哲学思辨的方法论，结合国家的总体教育方针和当地的社会发展状况和文化传统，在理论层面设计出一个“好的”课程方案。

第三，要保证所选择的方法论是适用于“本土研究对象”的方法论。如果抛开研究对象，单就教育学研究方法本身来看，它们其实仅仅是一些用于分析教育现象和产出教育学知识的手段，这些方法的含义、使用规范及操作步骤等内容在不同的社会、文化背景下并不存在实质性差异。但是，研究方法毕竟与研究对象结合之后方有其意义，而研究对象又一定与某一国家和地区的政治、经济、文化环境紧密地联系在一起，这决定了不同国家的学者所要分析的教育对象可能并不完全相同，即使在人类交往如此频繁、教育国际化水平不断提高的今天，这种教育现象的区域差别性仍然客观存在。所以，研究方法本无区域间的差别，但研究方法的选用却被附上了深深的地域属性，在实际研究过程中，看似“价值无涉”的研究方法其实很难“放之四海而皆准”，研究者对它们的选择不免会受到各种社会因素的制约，那些在别国可被广泛应用的方法，在我国可能并不适用或者很难取得预期效果。[②]因此，一种对研究对象行之有

① 研究问题与研究方法的孰先孰后，是一个类似于“先有鸡还是先有蛋”的问题。一般来说，我们总是先设定好了要研究的问题，之后才会根据问题选择方法，但必须承认，确实也存在着少数因为新方法的引入，而发现和解决新问题的状况。当然，这并不就是说问题和方法没有先后之分，在逻辑顺序上，问题依然发生于方法之前，而那些在新方法引入后发现和解决的新问题，其实并不是存在论层面上的“新”，而是为我们所意识到的认识论层面上的“新”，它们在方法出现之前便已经存在，只不过是由于研究方法的缺失，而没有发现或者没有能力去解决这些问题。

② 比如，在笔者多年对调查法的使用中发现，虽然在理论预设上，经过大规模数据搜集所得出的结论可能比我们由直观感受得到的经验更为真实可靠，但是，由于个别地区的教育管理部门和学校为了更好地展现其“政绩”，往往倾向于研究者提供一些带“水分”的数据，或者我们在研究中很难获得真实的数据，所以，从这些虚假数据推导出的结论势必也是无效的。因此，在我国，调查法尤其是一些针对地方教育主管部门的调查可能并不是特别实用的方法。

效的方法，不仅要与该对象的性质、内容及拟要达成的研究目标相匹配，还要与某一国家的经济、政治、文化背景相适应，这就要求我国的教育学研究者切不能脱离“本土立场”而对教育学的研究方法随意进行选择，切不能因方法在其他国家的适用性就先入为主地断定该方法在我国依然适用。我们要紧扣中国当前的“教育学研究对象”，提高对方法的甄别意识和甄别能力，确保研究方法符合中国的基本国情和历史文化传统，符合中国教育学发展的特点和现实需要，从而产出对中国教育实践具有更好解释力和指导力的教育学知识。

第五章　教育学知识的科学化陈述

教育学知识需要借助特定的语言方能呈现在我们面前。明确教育学知识的科学化陈述问题，即是回应教育学知识当如何被更好地表达和呈现。

“语言是思维的手段，是思想的直接现实，语言把人的思维活动的结果和认识活动的结果用词语和语句记录下来。不论人们头脑中产生什么思想，什么时候产生，它们都离不开语言。”①语言对于科学研究而言同样具有逻辑的先在性，它是我们把握和理解研究对象的重要工具，只有以恰当的方式运用语言才能准确地描述研究对象，进而揭示研究对象的内在本质和规律。“在一定程度上，语言决定着被我们称之为现实的‘存在’。语言和现实的这种关系对科学来说非常重要，因为科学亦必须通过语言把握自己的研究对象，以语言的形式表达自己的研究成果。也就是说，科学中的‘现实’同时总是通过语言把握到的现实。”②

教育学知识虽然是由概念、定义、命题等形态构成的我们关于教育活动的理性认识，但它的论证、解释及传播仍然需要以语言为媒介，并被语言的呈现方式和清晰程度所影响。呈现在我们面前的教育学知识，一定是些附着着“语言外衣”的思想，这套“外衣”可能因陈述方式的“合体”而恰如其分地反映了教育学知识的原貌，从而使我们能更好地理解和运用教育学知识，也可能因陈述方式的含混不清而模糊甚至扭曲了教育学知识的本义。换言之，教育学知识的真实性和可靠性，其实并不完全取决于这些知识本身能够在多大范围和多大程度上揭示教育现象的本质，它们还依赖于我们用怎样的语言对其进行陈述。因此，教育学知识所采用陈述语言的科学化是教育学知识科学化的重要条件之一，而澄清教育学知识“谁来说”、“说什么”、“怎么说”势必有助于构建

① 郭元祥.教育逻辑学［M］.北京：人民教育出版社，2002：80.

② ［德］汉斯·波塞尔.科学：什么是科学［M］.李文潮（译）.上海：上海三联书店，2002：18.

科学化的教育学知识。

一、"谁来说"——教育学知识陈述的主体

个体的成长与成功，国家的繁荣与强大，都需要以教育为依托。也正由于在个人及国家发展中扮演的重要角色，教育历来是一种备受关注的社会实践活动和产生社会热点话题的最主要领域之一。加之近代以来教育普及程度的提高，不只是专门从事理论研究的学者，而且还有越来越多的普通民众可以从日常生活经验或者个人亲身经历出发，对社会中存在的教育事实、教育问题和教育现象发表相应的看法，并就"理想的教育"（教育应当是什么）和"教育的理想"（教育应当如何做）提出一些见解和主张。所以，在现实生活中，我们总会遇到很多"关于教育的观点"，尽管它们可能涉及同一个主题，但却因为言说主体的不同，附着在它们之上的"语言外衣"也由此显得形态各异。这些观点或者通过学术语言的方式被施以学理化的陈述，或者通过日常语言的方式加以经验化的陈述。①

当然，人人可以评论教育并不就是说人人都可以从事教育学研究，同理，每个人就教育发表的观点也必然不都成为教育学知识，任何略有常识的人都不会把街头巷尾的"教育闲聊"看成是从事教育学知识生产的学术研究活动。这是因为教育学研究之所以能够作为"教育学的研究活动"，首先需要是一项"专业性"的研究。虽然古代社会不乏孔子、柏拉图、亚里士多德等这样博古通今学者的出现，但由于自第三次工业革命以来科学知识总量的激增、各学科知识间的高度分化以及知识更新速度的加快，现代社会已经几乎不可能再产生熟知各个知识领域的"通才"，即便是面对一个单独的知识领域，个体如果没有经过长时间的学习和思考，也很难对它形成全面认识，更别奢谈对此展开深入研究。在这样的背景下，学术研究人员的专业化就显得尤为必要。因此，当前从事教育学研究活动的研究者，都是经过了长时间学习准备和科研历练的专业人员，他们不仅掌握了比较系统的专业知识和研究方法，还对一些不易觉察的教育现象有着敏锐的洞察力和深入的自主思考，能够用更为专业的话语解答他

---

① 学术语言的"关于教育的观点"主要包括教育学研究者的对教育现象的学理性分析和其他学科研究者对"教育（事实）"中的"非教育成分"的学理性分析；日常语言的"关于教育的观点"主要包括教育活动的直接参与者（教师、教育管理者）对教育经验的汇总和普通民众对教育事实有感而发的一些经验性认识。

人无从解答的问题，而不是像普通民众那样，从一个教育经历者或教育旁观者的角度谈及一些几乎没有什么学术水平的“教育随感”。

另外，教育学研究还需要是一项“学理性”的研究。既然是一项学术研究活动，那么教育学研究就不能任由研究者个人的偏好使然，它应当以教育学知识的产出为使命，注重研究的“学术性”和“理论性”。为此，在研究过程中，研究者必须恪守教育研究的一般程序和规范，从研究主题出发，在明确研究必要性和可行性的前提下，提出假设、选择方法，并从大量散乱无序的教育事实中逐步汇总出一些分门别类的教育现象，进而在此基础上借助抽象思维力求获得关于教育现象的本质性认识。相反，普通民众对教育热点问题的讨论，却不需要遵守任何学术研究程序和采取特定的研究方法，更不需要考虑能否产出教育学知识和发现教育规律，他们只要从个人主观经验或主观感受出发便可侃侃而谈。当然，由于缺少严格的论证过程和周密的研究程序，普通民众对教育的解释至多算是一些未经“证实”且欠缺逻辑性和系统性的常识，其话语“是指这样一种语境，他是由那些非专业人员所创造与使用的语言，它没有经过理性的论证，只是一种感性的概括与直观的结果”。①

除以上两方面，教育学研究也是一项“教育性”的研究。如前所述，尽管同为“研究”，但教育学研究之所以被赋予“教育学”的称谓，是因为它是唯一一种旨在通过对教育现象的解释，进而建构教育学理论体系、丰富教育学学科知识的研究活动。与之不同，其他学科研究者关注教育事实的兴趣点却集中在“教育（事实）中的非教育成分”，而对这些“非教育成分”分析也主要是为了丰富或验证本学科的相关知识内容，这显然与教育学研究的目标和立场有着实质性差异。因此，教育学研究虽然“不是为教育学者所垄断的学术研究。但教育学者对教育问题的认识应该比他人更深刻，更系统，更正确，教育学者对教育问题的研究，理应比其他学科领域的学者对教育问题的研究更深刻有力”。②

在专业性的教育学研究中产出的教育学知识虽然不能是难以为普通民众所理解的“阳春白雪”，但也一定是一个由诸多概念、命题集合而成的专业化程度较高的知识领域，其话语为“专注于某一领域从事研究工作的人们相互构造并相互理解的语境”，“是专业人员所创造和使用的语言。它不再是感性的直

---

① 周浩波．教育哲学［M］．北京：人民教育出版社，2000：23.

② 张海波．教育问题的前提批判［D］：［博士学位论文］．长春：东北师范大学，2011：80.

观，而是通过某种论证方式而加以支持与保证的系统语言，是通过理性的反省与证明的陈述集合”。[①]因此，社会中存在的诸多“关于教育的观点”不会都成为理论形态的教育学知识，而教育学知识的话语陈述方式，也不应机械地按照理论与实践相结合的一般规定，刻意采用“经验化”的生活用语，它反倒要与教育学研究“专业化”的要求相匹配，以较高水平的学理性、逻辑自洽性和准确性为标准，借助学术语言的外在表现形式恰当地描述教育学知识的内容、效用及发挥作用的条件，从而能够全面、真实地呈现教育学知识的“本义”，防止个体在对教育学知识模棱两可的“误读”中产生南辕北辙的“误用”。

为确保教育学知识用语的严谨和周密，教育学知识陈述的主体就自然不能“谁都可以”。前文已述，有很多教育知识是从教育实践中萌发的一些行之有效的教育经验，由于教育知识重在实用，旨在为教育者更好地开展教育实践活动给出可供直接操作的方法，其中当然可以涉及经验化的内容与日常化的陈述方式，从而产生“通俗易懂”、“简明易用”的效果。[②]与之相对，教育学研究却不再继续停留于经验汇总层面，它通过对教育经验的进一步“提纯”和反思，产出着不仅要对教育现象而且还要对教育学自身进行说明的教育学知识。教育学知识并不像教育知识那样存在与教育实践的直接联系，作为一种理论性的知识，它侧重知识的解释功能，旨在对一些普适性的教育现象进行深层次的说明，其陈述只有突出学理性和逻辑性，方才能够为“教育者当如何去做”提供更为缜密的理论依据。故而，这种具有较高学理性和逻辑性水平的话语并不是谁都可以“言说”的，一个从未接触教育学、从未参与教育科研活动的人是不大可能会使用教育学科的专业术语去陈述这些理论知识、描述教育现象的，而要熟练地使用这种专业化语言，就需要个体事先已经接受过了一定的专业训练，熟知教育学中的基本概念和范畴，并了解一些代表性的教育理论和教育思想，只有这样，他才会顺理成章地用“内行的话”去陈述教育学知识。

将教育学知识陈述的主体限定为教育学研究者，[③]并不就是要否定其他群体

---

① 周浩波 . 教育哲学［M］. 北京：人民教育出版社，2000：23-24.

② 例如，“因材施教”就是一个典型的日常用语化的教育知识，它是通过大量教育经验汇总而来的，尽管采用了非学术化的语言，但却简明扼要地回答了当如何教育具有不同个性特点的学生的问题，这便为教师应用这一知识打开了方便之门。

③ 实际上，专门从事教育学研究的人员也可以被称之为“教育学者”，但在文中，为与“教育实践者”对应，笔者才采取了“教育学研究者”这一称谓，所以，“教育学者”和“教育学研究者”并不是两类不同的人员。

对教育学知识生产具有的积极影响，普通民众热议的教育话题、教育实践工作者积累的教育经验以及教育管理部门发布的教育政策，毕竟都是教育学知识的重要来源。之所以分外强调教育学知识陈述主体的专业性，是因为在当前的教育学知识中确实还存在着不少“外行人”说出的“外行话”，他们或者把一些形似的概念混用，得出诸如“教育是一门科学”这样的错误命题；或者为陈述的方便，制造出“德育教育”、“体育教育”、“美育教育”① 这样的错误概念；或者为谋求观点的“振聋发聩”，提出“教育要为了孩子的一切”② 这样的激动人心却又不合实际的论断；或者干脆以行政命令代替学术话语，发展出“教育政策汇编”这样畸形的教育学，等等。这些“外行话”的大量存在，不仅使教育学知识的科学化程度长期停留在一个较低水平，而且还严重危害了教育学知识的信誉。

教育学知识的丰富确实需要借鉴其他学科的研究成果，也需要纳入多方面的研究力量，但我们必须认识到“就当前的学科划分方式，教育学属于一级学科，学位可以授到博士这一层次，这说明，教育研究是一项专业性很强的工作，也说明教育学是一门专业性很强的学科”。③ 为确保这种专业性的实现，作为教育学知识陈述主体的教育学研究者首先就要有对发展教育学学科话语的“自觉意识”，明晰自身承担的学术使命，遵循一定的职业操守，意识到“尽管在自主和入世之间、个体和社会之间、在基本物质需求和社会判断价值之间，学者们需要博弈和张力的支撑，但对学术的忠诚与对自身的忠诚一样，都是从事研究最重要的基础”。④ 教育学研究者不仅要时刻保持对“新创造或新引入话语”的审慎态度，自觉叩问这些话语是否可用于教育学知识的陈述，是否清晰准确地反映了教育学知识的本义，从而在“入口处”确保教育学知识陈述的专业性。与此同时，教育学研究者还要时刻保持对“原有话语”的批判态度，认清当前教育学知识用语随意、陈述混乱的现实，尽快厘清并统一教育学的基

① 以“体育教育”为例，体育本身就是一种“专门针对身体”的教育，在“体育”之后再加“教育”，显然存在着语词上的同义反复。然而，这一有着明显逻辑漏洞的概念却在我国颇为常见，不仅多数体育院校都设有“体育教育系”或“体育教育专业”，而且在很多学者公开发表的研究成果中，也“顺理成章”地使用着该概念。

② 即便在当今社会，教育是个体成长的主导因素，但它的功能毕竟是有效的，它可以影响个人和国家的发展，却不能决定个人和国家的发展，“改变了的人”不会完全是“改变了的环境和改变了的教育”的产物。“教育要为了孩子的一切”显然是过于夸大了教育的能动性，无疑会导致新的“教育万能论”。

③ 张海波．教育问题的前提批判［D］:［博士学位论文］．长春：东北师范大学，2011：80.

④ 程方平．教育研究者的学术责任［J］．教育科学，2005，（8）：20.

本概念和基本范畴，尽快发现并消除教育学知识中存在的一些逻辑漏洞，力求使教育学知识陈述话语的“能指”（语言符号实际反映出的意义）和“所指”（通过语言符号本要表达的意义）相一致，推动教育学知识表达方式的严谨和规范，为教育学研究者们在同一“语言平台”上展开彼此间的交流与对话创设有利条件。

另外，教育学研究者还要有对维护教育学知识话语的“自立意识”。这种自立意识首先表现为对教育学知识话语的“学科自立意识”。虽然要抱着“兼容并包”的心态去借鉴不同学科、不同研究群体在对教育事实讨论中得出的一些观点和理论，但教育学研究者却要在此过程中奉行“奥卡姆剃刀原理”[①]，即如果新产出的教育学知识内容，可以沿用教育学已有的话语陈述体系，可以采用教育学的原创性话语，那么就尽量不去引入新概念、新话语或者新命题，我们应将更多的精力倾注到对教育学知识内容的丰富和完善，而不是“为创新而创新”。只重视教育学知识“外在形式”的多样化，却相对忽视对教育学知识“实质内容”的建构，刻意追求教育学知识“语言外衣”的新颖，用一些来自其他学科或者其他国家的话语来“转述”或者“装点”已有的教育学知识，这不仅可能为教育学研究者彼此间的沟通，以及教育学基本概念和基本命题的统一设置新的障碍，也容易使教育学知识的生产沦为一种没有太多实际价值的文字游戏，影响到教育学知识的效用和声誉。此外，“自立意识”还表现为对教育学知识话语的“学术自立意识”。一方面，教育学研究者要防止对社会思潮的亦步亦趋，在思考一些热点教育问题时，能不为普通民众的观点和话语所左右，而是以学术研究者的身份，从教育学的专业视角和采用教育学的专业方式对这些问题予以专业化的解读，从而使教育学知识的陈述有别于日常生活用语。另一方面，虽然教育学研究者要在国家教育方针政策的框架内从事研究活动，但教育学知识生产毕竟是一项专业化程度很高的学术研究活动，具有相对的独立性。为此，教育学研究者应谨记自身的学术使命，防止对教育政策的亦步亦趋，既要避免将一些未经理论澄清的教育政策视为“自然而然”的教育学知识，还要避免将一些行政命令或口号式的话语直接认作是教育学知识的话语，从而保证教育学知识内容和话语的学理性。

---

① 即我们常说的“简单有效原理”，由 14 世纪逻辑学家、圣方济各会修士奥卡姆的威廉（William of Occam）提出。

二、“说什么”——教育学知识陈述的内容

教育学知识的准确陈述有赖于专业化的主体，同样也有赖于专业化的内容，而这种专业化内容的形成则必须以教育学基本概念和命题的统一为前提。这是因为，我们日常所见的教育学知识都是由概念和命题构成的，而它们的本质是研究者用来描述客观世界，尤其是描述人类教育活动的一套专业用语。虽然我们对这些专业用语的使用总是处于“习以为常”的状态，但实际上，这些用语所表达的“意义”和所对应的“事实”却并不是与生俱来的，它们往往是经由教育学研究者“共同约定”的结果①。而这些“约定”一经做出，便会具有相对的稳定性，我们必须在遵守“约定”的基础上，才能以此为媒介，理解教育学知识的内在含义和其他学者的真实想法。②所以，教育学知识中的概念与命题，应当是一个“公共”而非“私己”的领域，学者间的“约定”则是“私己话语”转变为“公共话语”的主要途径。我们只有将教育学知识中涉及的概念和命题加以统一，提高其所传递信息的确定性，才能保证教育学知识陈述语言的“能指”（我们从文字中理解出的含义）准确反映其“所指”（我们在文字中想要表达的含义），才能保证教育学研究者的思想与话语能够被他人所理解，进而避免因概念、命题含义的不统一而引起的对教育学知识陈述的“言不达意”，为学者们提供更加便利的“沟通工具”。

教育学基本概念与基本命题的统一并不会轻松实现，它需要一个不断探索和不断完善的过程。尽管教育学成为一门学科已有不短的时间，但迄今为止，学者们对教育学知识的陈述有时依然会缺少统一的概念和命题，这种状况甚至存在于教育学一些最基本和最核心的概念当中。在此，以国内学者对“教育”所下的定义为例便可窥见一斑：

定义一：“教育之定义，有广、狭二种：从广义而言，凡足以影响人类身心之种种活动，俱可称为教育；就狭义而言，则唯用一定方法以实现一定之改善

---

① 言语永远产生于存在之后，总是先有事物和活动，才会逐渐产生用来描述它们的语言。而言语和事实之所以能够建立起一一对应关系，是因为在我们的已有经验中事先存在着对这种关系的“设定”，从而把一些词汇专门赋予了一些事物和活动。就如“教育”这种活动便产生在“教育”这一语词之前，它们被称作“教育”的真正原因，并不是因为这些活动生来就叫“教育”，而是社会“约定俗成”地将其称之为“教育，此后人们又“不约而同”地遵循了这一用语习惯。

② 在分析哲学家维特根斯坦那里，语言活动被视为一种“语言游戏”，它本身具有很多约定性的规则，而语言的使用者则必须遵守这种规则，只有遵守了规则才能正确地游戏。没有规则，语言符号就没有意义。

目的者，始可称为教育”。①

定义二：“从广义上说，凡是增进人们的知识和技能、影响人们的思想品德的活动，都是教育”，“狭义的教育，主要指学校教育，其涵义是教育者根据一定社会（或阶级）的要求，有目的、有计划、有组织地对受教育者的身心施加影响，把他们培养成为一定社会（阶级）所需要的人的活动”；“教育这个词有时还作为思想品德教育的同义词使用”。②

定义三：广义上，“教育是有意识的以影响人的身心发展为直接目标的社会活动”，狭义上即学校教育，“是由专职人员和专门机构承担的有目的、有系统、有组织的，以影响入学者的身心发展为直接目标的社会活动”。③

定义四：“‘教育’概念的内涵来说，它至少有三义：第一义，为本义，指‘善’的影响，使人善良；第二义，指使个人完善发展，为教育的转义；第三义，指使个人成为完善发展的社会人，为第二义的转义。表明教育本来与道德同源”。④

定义五：“教育有广义和狭义之分。广义的教育是泛指一切增进人们知识、技能、身体健康以及形成或改变人们思想意识的活动。狭义的教育是指社会通过学校对受教育者的身心所施加的一种有目的、有计划、有组织的影响，以使受教育者发生预期变化的活动。”⑤

“教育”是教育学知识中最具奠基意义的一个概念，它构成了我们认识教育活动、从事教育学知识生产的“思维原点”。按常理而言，像这样重要的概念本该早就形成一个被广大学者普遍认可的“标准化”定义，即使该定义在不同著作中可能使用了不尽相同的陈述语言，但学者们对它的理解也不会由此而产生大的偏差和分歧。然而，上述五种对“教育”定义显然并不符合这样的要求：它们的不同绝不仅仅表现为一种语词运用上的区别，其话语所传达信息的差异要远比这种语词外在形式上的差异来得更为明显。撇开与其他几项有着明显区别的第四项定义而言，仅就非常接近的一、二、三、五项来看，首先，在定义呈现的内容方面，尽管皆认为教育有广狭之分，但它们其实仍未就广义教

---

① 中国教育辞典［C］. 北京：中华书局，1940：642–643.

② 中国大百科全书·教育［C］. 北京：中国大百科全书出版社，1985：1.

③ 叶澜. 教育概论［M］. 北京：人民教育出版社，1999：8–9.

④ 陈桂生. 教育原理［M］. 上海：华东师范大学出版社，2000：182.

⑤ 南京师范大学教育系. 教育学［M］. 北京：人民教育出版社，2005：1.

育和狭义教育的实际所指达成一致，如定义一所述的狭义教育（“唯用一定方法以实现一定之改善目的者，始可称为教育”）就不同于二、三、五项所指的“学校教育”。另外，在定义的具体陈述方面，除第三项特别强调了广义的教育是一种“有意识”的活动外，第一、二、五项都并未提及广义教育有此特点，仅仅将其陈述为一种影响个体的知识、技能、道德等方面的活动。①

概念是我们认识活动的起点，“是思维的一个形态，概念与其他的思维形态——判断、推理与论证——是有密切联系的。人们必须先具有关于某事物的概念，然后才能做出关于某事物的判断、推理和论证”，② 所以，教育学研究者对“教育”概念认识的分歧，绝不单是一个概念未被有效澄清的问题，它对教育学知识的全部内容都有着难以估量的消极影响。更何况这种概念界定不统一的状况在整个教育学学科中并不少见，诸如教师、教学、课程等其他一些教育学的基本概念都或多或少地面临着这样的问题，而以这些模糊概念为基石建构起来教育学知识体系，其真实性和可靠性会受到来自各方的质疑也就不足为怪了。

教育学知识的科学化，应当体现在教育学知识的每一细节中，它不仅需要研究者确保知识生产方法论选择标准的唯一性，也需要研究者作为一个专业群体能够用学术性和规范性的话语言说相对确定的内容。当然，作为社会科学的一个分支，由于深受文化性、价值性的影响，其研究证据“在并非总是能控制环境的条件下进行搜集”，且主要词汇“涉及个体或群体的各种心理特征、状态和行为的结构，接受观察背景施加于普遍性之上的各种限制”，甚至难免会“涉及人类行为及驱使这些行为产生的事件的各种概念，对这些事件的推断受种种严格的前后关系的限制”。③ 教育学知识的陈述不可能做到完全像自然科学那样，能够在不同语言文字、不同文化背景以及不同研究主体条件下保持较高的标准化和统一化程度，加之教育学还是一门尚未成熟的学科，对很多问题的认

---

① 虽然“有意识”看似仅仅是简简单单三个字，但是它们却揭示了“教育”是一种“专门”培养的社会实践活动，突出了教育对人发展的独特作用。如果教育仅仅像定义二所说的那样（“凡是增进人们的知识和技能、影响人们的思想品德的活动，都是教育”），那么诸如“看电影”、“逛公园”也是一种广义教育活动，毕竟我们从这些活动中一样会增长知识、陶冶情操。这便存在着对教育泛化理解的危险，似乎生活中的一切活动都可以被理解为教育活动。

② 金岳霖 . 形式逻辑［M］. 北京：人民出版社，2005：19.

③［美］杰罗姆・凯根 . 三种文化：21 世纪的自然科学、社会科学和人文学科［M］. 王加丰等（译）. 上海：上海人民出版社，2003：3.

识还不够深入，出现这种学者间“各说各话”、“各言其是”的状况也确实有情可原。但是，有鉴于一些较为成型的社会科学（主要是经济学、社会学）的现实发展状况，从长远来看，教育学知识中基本概念和命题[①]的统一是必要的也是必须的。[②]

要实现上述目标，教育学研究者首先要从加强对教育现象的研究做起。语言是思想的“外衣”，虽然思想的表达受限于语言，但评判“外衣”的主要标准却还是在于思想本身，教育学知识亦不例外。教育学知识陈述的内容是否适切，是教育学研究者是否准确和深入认识教育现象的直接体现。换言之，我们“说出”的教育学知识，总是与我们所“观察到”的教育现象保持一致。当前反映在教育学知识陈述内容中的诸多问题，最根本的原因还是在于教育学研究者对教育现象研究得不够全面和深入，以致产出的教育学知识常会出现与事实不相符的状况，使其无法建立起以自身真实性和有效性为保障的公信力。而要扭转这种局面，仅调整知识陈述的语言显然是不够的，我们必须从教育学知识内容的科学性做起，从与事实对应的全面性和对问题思考的深入性两个维度确保透彻地研究教育现象，进而以此为基础，提高教育学知识陈述内容的准确程度。

同样，以学者们对“教育”概念的界定为例，之所以会存在不统一的问题，与教育自古以来形态变化的多样性以及教育在不同语言中的不同所指有着很大的关系。比如，我国古代其实并没有“教育”的表达习惯，“中国古代常用‘教’、‘学’、‘诲’、‘育’、‘习’等不同语词，从不同角度，揭示同后来所谓‘教育’相近的含义”，[③]及至近代，我国才开始广泛使用“教育”一词，并用以指称道德教育、教学、教养等多方面的内容。但在西方国家，“教育”（英语是“Education”，德语是“Erziehung”）却未有如此大的外延，它大致与

① 将教育学知识的全部内容加以统一，既是不可能的，也是没必要的。但教育学要想更好地发展，就必须把诸如教育、教学、教师、教育本质等这类的学科中最基本的内容加以统一，因为作为架构整个学科的基石，如果连它们都含混不清、争议不断，那么教育学就很难成为一门令人信服的学科，所以笔者在这里强调的统一，主要是针对教育学知识中的基本概念和命题，而不是教育学知识的全部内容。

② 需要特别指出的是，“统一”并不是要消弭思想的多样性，笔者从不反对思想的多样性，也从不反对学术的交流与争鸣，事实上，不同思想间的碰撞，是教育学知识科学化水平进步所必不可少的前提性条件之一。然而，争鸣的目的不在于“为争鸣而争鸣”，而在于得出一个为不同群体所公认的研究结论，也只有这样，我们才能为实践活动提供有效的指导。如果教育学研究“怎样都对”、“怎样都行”，那么无异于没有提供任何有效的教育学知识，我们依然不能根据这种“各说各话”的知识判断思想或行为的正确与否。所以，我们虽然可以提倡学术思想的“百家争鸣”、“百花齐放”，但经过“争鸣”和“齐放”之后得出的研究结论，却不能依然“争鸣”和“齐放”，而要走向统一，形成就某一教育现象的一致性认识。

③ 陈桂生．教育原理［M］．上海：华东师范大学出版社，2000：178.

我国所言的“道德教育”相对应，即赫尔巴特在《普通教育学》中阐述的“训育”部分，而我国所言的“知识传授”则另有“教学”或者“教授”（英语是“Teaching”，德语是“Unterrichtsle”）与之对应。由此可见，我国“教育”一词的外延较之西方国家表现得更加复杂，而要使“教育”的定义能够符合这种“复杂性”，它至少需要同时囊括“养子使做善”和传递知识经验的双重含义，所以我们对教育的界定，就不仅要体现出它是“专门性”培养人的社会实践活动，还要体现出它涉及内容的“多样性”，而这便要求教育学研究者在给出“教育”定义之前，就已经通过对大量文献资料的占有、分析，全面了解到了“教育”一词在我国的用法沿革，以及在中西方语言中的不同所指。

除深化对教育现象的研究之外，为实现基本概念和命题的统一，教育学研究者还要加强彼此间的交流，力求在此过程中生产出共识性的教育学知识。前文已述，教育学知识是经由教育学研究者“约定”的结果，而这种“约定”的形成，势必需要不同教育学研究者观点的碰撞与交流，这是因为，观点只有在交流中才能有所比较，只有在比较中才能有所甄别，只有在甄别中才能去伪存真、去粗取精，以此辨别出哪些观点是真实有效的，哪些观点是虚假无用的，从而推动观点的“优胜劣汰”，使多元的观点逐渐归于统一。故而，教育学研究者要主动改变学术研究中“存而不论”的状况，抱着推动教育学学科发展的使命感和精益求精的研究态度，就那些尚未澄清或存在漏洞的教育学知识，勇于提出个人的不同见解，并与他人展开平等且不失友好的讨论，利用理论商榷的过程和学者们的共同智慧，进一步加深对某一教育现象的认识，筛选出正确的教育学知识或填补教育学知识中的漏洞，从而以内容真实性和结论有效性的提高来增强教育学知识的公信力，形成为教育学研究者普遍认可和广泛使用的基本概念和命题。

再者，教育学研究者还要注意陈述语言的严谨和规范。语言尽管不能决定教育学知识，但作为思想表达的工具，它却深刻影响着教育学知识能够在多大程度上被恰当地理解和传播，所以，教育学研究者要想产生具有公信力的概念和命题，就要在完善教育学知识内容的同时，注重多采用一些严谨、规范的学术用语。我们在生活中使用的是一种时常缺少逻辑性和准确性的“日常语言”，“日常语言方便灵活，能够生动细腻地表达人们的思想感情和抽象观念。但日常语言的词语具有歧义性，一词多义，也容易引起误解，它的语法结构复杂多变不严密，不能适应科学严格精确地表述定义、定理、规律的要求”。[①]与之相对，教育学知识却是一种理论化程度较高的知识，它会涉及大量的定义、定理和规律，这要求我们对教育学知识的陈述就不能再接着使用生活化的日常语言，而要尽量避免日常语言的歧义性，采用更为精确和严谨的学术用语。为此，教育学研究者在陈述教育学知识的概念或命题之前，除要对概念或命题本身相关的教育现象加以深入研究外，还要对所用的语言文字进行仔细揣摩，反复推敲其中是否存在对思想表达不全面或不准确的问题，从而使这些概念或命题所反映出的意义具有相对确定性。

三、“怎么说”——教育学知识陈述的方式

在明确了“谁来说”和“说什么”之后，便需要对“怎么说”，即教育学知识陈述的方式进行探究，以此明确我们当如何更加准确地陈述教育学知识。教育学既然是“教育之学”，教育学知识又是“教育之学”的知识要素，它自然需要具备较高的理论化程度。但另一方面，尽管强调完善教育学知识对推动教育学学科建设的价值，然而教育学知识的价值其实并不完全体现在教育学学科之内，“‘价值’这种现象的一个显著特点是：价值的性质和程度如何，主要地取决于价值关系主体的情况，而不是由客体所决定的”，“‘价值’这个概念所肯定的内容，是指客体的存在、作用以及它们的变化对于一定主体需要及其发展的某种适合、接近或一致”，[②]而教育学知识“价值关系的主体”则主要是教育实践者，它虽不能为教育实践者的教育教学活动给予每一细节上的指导，但却能够为他们的行动提供普遍意义上的理论依据，并通过教育实践者的行动检视和校验自身的真实性和可靠性。所以，教育学知识还必须坚持实践导向，“因为作为面向教育实践者（主要是教师）的学问，教育学不能完全‘超脱’于教育实践之外，‘为知识而知识’；它有责任提供为教育实践者所必需的各种知识，必须‘为行动而知识’。这种‘实践’的要求，让许多教育学者感到有必要在‘理论教育学’之外，建立更贴近实践、更富指导意义的‘实践教育学’”。[③]教育学中“理论教育学”和“实践教育学”的并行状态，决定了教育

① 郭元祥．教育逻辑学［M］．北京：人民教育出版社，2002：83.
② 李德顺．价值论［M］．北京：人民教育出版社，1987：4–13.
③ 程亮．教育学的“理论——实践”观［M］．福州：福建教育出版社，2009：28.

学知识可以按其理论成分和实践成分的多少而被划归为不同类型。

教育学史上有关教育学知识分类的讨论有很多，较具代表性的是主要有“二分法”、“三分法”、“四分法”这三种划分方式。“二分法”的划分方式由来已久，它与教育学早期研究范式的演化有关。在诞生之初，教育学主要受其母体学科——哲学的研究范式的影响，更侧重于对教育目的、教育价值方面内容的讨论，其中大部分的知识内容多是由一定哲学（或宗教）思想推演而出，它们虽然以“实然判断”的形式呈现，但究其实质，依然是一些富有主观色彩的“应然判断”[①]，表示一种对教育活动的价值预期并为教育实践工作者提供一种行为规范，旨在回应教育实践中“价值——规范”方面的内容，故而，我们可以将这一时期的教育学称为“哲学教育学”。自 17 世纪以后，教育学的发展日益受到自然科学的影响，而康德、赫尔巴特等一批学者也都纷纷开始尝试将教育学变为一门建立于经验基础之上的科学。在这一过程中，教育学之中逐渐出现了一种以自然科学为其模板的“科学教育学”，而梅伊曼、拉伊倡导的“实验教育学”，费舍尔（A. Fischer）和洛赫纳（R. Lochner）倡导的“描述教育学”[②] 等皆属此类。较之于以前重视“哲学演绎”的“哲学教育学”，虽然二者都是理论形态的教育学，但“科学教育学”显然更贴近教育的实际发生过程，也更加重视“分析现象发生的原因与条件，揭示一种现象与另一种现象之间的内在联系，即揭示隐藏在现象背后的客观规律。简单地说，它回答‘是什么’问题”，[③]故而，“科学教育学”多采用“实然判断”的形式，旨在回应教育实践中“事实——规律”方面的相关内容。

“二分法”自有其合理之处，它将教育学分为了指向“是什么”的科学教育学和“哲学教育学”两大部类，从而使教育学不必再继续坚持“身兼多职”的发展方向，可以依照其具体内容的不同而采用不同的知识生产方法和话语陈述

① 以夸美纽斯的《大教学论》为例：在内容层面，《大教学论》中的很多结论是从《圣经》那里得到的，夸美纽斯频繁引用了《圣经》当中的原话，并将《圣经》作为其观点的基本依据，如他在论述“永生的预备有三个阶段”时，便以《智慧篇》、《德训篇》和《利未记》为其论据；在话语表述方面，夸美纽斯多运用了比喻、类比这样的行文方式，往往缺少事实判断的依据，如他在“这三者（学问、德行与虔信）的种子自然存在我们身上”，“把我们的思想工场，脑子，必做能够接受印痕或制作小小形象的蜡，也是合适的。因为蜡能变成各种形状，能照任何方式再三加以铸范，人脑也是一样，它能接受万物的影像，能够接纳整个宇宙中的任何事物”，便是一种典型的缺少事实依据的“应然判断”。

② 描述教育学要求将教育实践中的“纯事实”作为研究的对象，要求研究者对教育事实进行不偏不倚地描述。

③ 陈桂生 . 教育学的建构［M］. 上海：华东师范大学出版社，2009：52.

方式。然而，“二分法”中的“教育哲学虽然能够为教育实践提供教育科学无力承担，也无意承担的指导，由于它本身大抵以回答教育‘应当是什么’问题指导实践”，“只是实践的起点，它并不回答实践上需要解决的‘做什么’、‘怎样做’问题”[①]，所以，“二分法”分野下的教育学知识仍难对教育实践形成直接影响。故而从20世纪中叶开始，教育学界出现了教育学知识“三分法”的尝试。

布雷岑卡是“三分法”观点的代表人物，他认为传统的“二分法”缺点的根源在于，“人们企图在同一个命题体系中将实践理论的规范性任务与科学理论的描述性任务结合起来。这就变成了一个大杂烩，既达不到对一门科学提出的方法论要求，又对教育工作者不适用”，所以教育学不应当再继续“作为兼有规范性——经验性或实践性——科学性的双重任务，而把任务分为3类（或3类教育学知识）：教育科学、教育哲学和实践教育学。这种三分法以针对各种教育问题的3种思考方式为基础，其中包括：科学的思考方式、哲学的思考方式和实践的思考方式。”[②]在布雷岑卡那里，关于“教育科学”的知识对应着理论的教育科学和教育的历史描述，重在对教育中“事实——规律”的探讨，其目标是为获得“关于教育行为方面的科学认识”，注重描述事实和教育“成功和失败的原因”；关于“教育哲学”的知识对应着教育学诸命题的认识论及教育的道德哲学，重在对教育中“评价——规范”的探讨，其中最具实效的是“规范教育哲学”，“作为对教育科学的补充”，“它回答在制订教育计划和采取教育行动时出现的价值问题和规范问题”；而关于“实践教育学”的知识则以行动为指向，重在对“规范——行动”的探讨，“它的创立是为了用实践知识武装教育工作者。他们需要这种知识来指导目的合理的教育行为。”[③]由于目标、性质及方法的不同，以上三种教育学知识各自采用的陈述方式体现出了显著的差别，“简单地说，教育科学采用描述性命题，回答教育‘是什么’问题；教育哲学在广义上采用评价性命题，回答对教育‘应当怎样评价’、教育‘应当是什么’问题，在狭义上采用规范性命题，回答教育‘应当做什么’、‘怎么做’问题；实践教育学采用规范命题和描述性命题混合体系，它把教育义务告诉给

① 陈桂生. 教育学的建构［M］. 上海：华东师范大学出版社，2009：53.

② 布雷岑卡. 教育学知识哲学：分析、批判、建议（特约稿）［J］. 华东师范大学（教育科学报），1995，（4）：6.

③ 布雷岑卡. 教育学知识哲学：分析、批判、建议（特约稿）［J］. 华东师范大学（教育科学报），1995，（4）：6-8.

生活在某一特定——文化环境中的各种教育者群体，也把履行这种义务的手段告诉他们，并根据一定的意识形态和道德准则激励他们的教育行为”。[①]

我国的陈桂生教授也认为教育学知识有着不同的类别，不过，他认为布雷岑卡的“三分法”并没有对教育理论中的规范成分与价值成分、科学成分与技术成分予以恰当区分，在此基础上，陈桂生教授又提出了一种新的“四分法”（见表 5-1），其中：“教育科学理论”与“教育价值理论”是为“理论教育学”的组成部分，前者要采用分析的、归纳的、定量的方法，对教育进行实证——实验研究，从而揭示教育的客观规律，使用“是什么”的描述性命题，后者通过对教育事实的价值判断，旨在呈现教育的当然法则，使用“应当是什么”的评价性命题；“教育规范理论”与“教育技术理论”是为“实践教育学”，前者根据确立的教育价值，分析教育实践的行为规范，使用“应当是什么的”规范性命题，后者根据科学原理，具体分析教育实践的类型、过程、方法等内容，使用“做什么”的程序性命题。在上述四种成分中，科学理论和技术理论为中性成分，它们是形成价值理论和规范理论的客观根据，而价值理论和规范理论为带有主观倾向性的成分。[②]

表 5-1　教育学的“四分法”

象限	教育问题（指向研究对象）	主要理论命题类型	理论成果形式
Ⅰ教育技术理论	做什么——怎么做	程序性命题	教育规则
Ⅱ教育科学理论	是什么	描述性命题	反映教育规律的原理
Ⅲ教育价值理论	应当是什么	评价性命题	教育理念的原理、原则
Ⅳ教育规范理论	应当做什么——怎样做	规范性命题	教育规范

且不论以上三种对教育学的划分方式谁更加合理，[③]通过不同学者对教育学知识分类的论述，我们可以发现，教育学知识的陈述方式总是取决于教育学知识自身的性质，即“说的对象”和“说的内容”决定了“说的方法”，教育学研究者对教育学知识“怎么说”，应当与拟阐述教育学知识具体分属的教育学

① 陈桂生．教育学的建构［M］．上海：华东师范大学出版社，2009：53–54.

② 陈桂生．教育学的建构［M］．上海：华东师范大学出版社，2009：54–56.

③ 我国学者程亮认为，教育学知识分类的增多，“不是思维方式的简单转换，而是教育学日渐多样和复杂的真实‘写照’”，“是历史发展与认识逻辑的统一。”（见程亮．教育学的“理论——实践”观［M］．福州：福建教育出版社，2009：34.）

部类保持一致。而教育学的总体框架又主要涵盖了“教育应当是什么”、“教育是什么”、“教育应当做什么”以及“教育做什么”等四部分的内容，所以，综合二者来看，笔者将教育学知识陈述的方式分为以下四种类型（见表5–2）：

表5–2　教育学知识的分类陈述方式

知识内容	所属知识领域	命题形式	陈述方式
关于“教育目的/教育价值”的理论	“哲学教育学/教育哲学”或“教育价值理论”	应然判断	“应当是什么”（ought to be）
关于“教育规律”的理论	“科学教育学/教育科学”或“教育科学理论”	实然判断	“是什么”（to be）
关于“教育规范”的理论	“实践教育学”或“教育规范理论”	应然判断	“应当做什么”（ought to do）
关于“教育方法”的理论	“实践教育学”或“教育技术理论”	实然判断	“做什么”（to do）

第一，当教育学知识关涉教育目的、教育价值方面的内容，旨在表明一种对教育活动的理想预期时，该教育学知识深受人主观意志的影响，可被归入上述的“哲学教育学/教育哲学”或“教育价值理论”领域。由此，学者对这一类型教育学知识的陈述，便应当依据一定的社会文化背景、哲学思想以及个人教育观念从价值层面论述教育的“合情性”，设置教育发展和教育评价的总体性纲领，对“教育应当是什么”或者“什么是合目的的教育”等问题进行说明。该种类型的教育学知识适宜采用“ought to be”① 的应然判断型的命题形式。例如，“教育即生长”、“教育即改造”、“学校即社会”是杜威以其“实用主义”哲学和机能主义心理学为理论基础提出的教育思想，杜威希望在对这些理念的践行中，促使美国教育更能突出儿童的地位、更能合乎儿童的发展、更能推动社会的进步。然而，杜威提出的三个论断的真实性其实并没有被足够的事实证据所证明，它们只是杜威对理想教育的一种设计和预期，其重点在于以“实用主义”为理论根据，对“教育应当是什么”进行说明，所以，“教育即生长”、“教育即改造”、“学校即社会”是典型的教育价值方面的教育学知识，

① “ought to be”和“to be”是两种异质化的存在方式，前者指向“应是”，后者指向“是”。“应是”是“是”的应然状态和理想建构，具有合目的性和合情性，却未必具有合规律性和合理性，因此，它是以祈使而规范的方式而表述的，它体现了主体对客体的主观愿望。“应是”总是给出某种劝导的建议，人们易于将其理解为它是正当的“无可选择的事实”，但实际上，任何一种“应是”都处于似是而非的“或有状态”中，即存被证明是“非是”的危机，或者被证真而升华，或者被证伪而推翻。

它们绝非“我们必须如此”的硬性规定，可以被改写为“教育应尊重并促进儿童的生长”、“教育应改造学生的经验”、“学校应成为一个适合儿童发展的雏形社会”。

第二，当教育学知识关涉教育规律方面的内容，旨在剖析教育活动中不同现象以及现象内部的因果联系时，该种教育学知识不以人的主观意识为转移，可被归入上述的“科学教育学/教育科学”或“教育科学理论”领域。由此，学者对这一类型教育学知识的陈述，便应在对教育现象的分析中从事实层面论述教育的“合理性”，对“教育是什么”或者“什么是合规律的教育”等问题进行说明，并结合具体的情境，为“教育应当是什么”、“教育应当怎么做”以及“教育怎么做”提供一般性的原理和依据。该种类型的教育学知识适宜采用“to be”的实然判断型的命题形式。例如，“教育要与人的身心发展相适应”的真实性和有效性不仅已经被大量的客观事实所证明，而且它还是“我们必须如此”的硬性规定，提供着开展教育活动的最基本准则。一旦违背了该知识，以“培养全面发展的人”为其应然价值目标的教育活动反倒会阻碍甚至损伤受教育者身心的健康成长，所以，“教育要与人的身心发展相适应”是一个“教育规律”方面的教育学知识，它可以被改写为“教育若要达成其效果，则必须与人的身心发展相适应”。

第三，当教育学知识关涉教育规范方面的内容，旨在分析教师在落实教育目标的过程中需要遵守的行为规范时，该种教育学知识蕴含着对个体行为的价值期待，可被归入上述的“实践教育学”或“教育规范理论”领域。尽管都与人的主观意志相关，但教育规范方面的教育学知识和教育目的、教育价值方面的知识又存在显著差别，前者主要涉及教育活动中“做”的方面，而后者却主要涉及教育活动中“想”的理论方面，“回答的问题是‘应当是什么’、‘不应当是什么’，并通过对具体的人和事的评价，规范人们的思想，而应当怎样‘想’，‘应当发生的事’，并不都是应当‘做的事’；若不陷入‘想当然’，就得从‘应当发生的事’中，择定‘应当做的事’，在‘应当怎样想’的范围内，择定‘应当做什么——应当怎样做’，并以理论规范的形式予以确定”。[①] 况且，教育价值理论和教育规范理论也不存在一一对应的关系，一种“想”的方面的理论，只能构成“做”的方面的理论能够成立的充分却非必要条件。由

① 陈桂生. 中国教育学问题［M］. 福州：福建教育出版社，2006：131.

此，学者对这一类型教育学知识的陈述，便需要以“教育应当是什么”和“教育是什么”为基本依据，从价值层面对“教育应当做什么”或者“教育应当怎样做”进行说明，并像陈述“教育价值”方面的教育学知识那样，采用“ought to do”的应然判断型的命题形式。例如，“教师要针对学生的特点，采取不同的措施”是由“因材施教”的教育思想引出的一个教学原则，尽管这一原则确实有助于提高教育教学质量，但事实上，在具体的教学过程中，尤其是在班级授课制的条件下，它往往很难被真正贯彻下去。然而，这并不等于说教师的教学行为必然不能取得“因材施教”的效果，教师还可以通过其他途径帮助每一个学生得到适合自己的发展。所以，这一看似“必须如此”的教学原则，其实是一个以“应当去做”为其实质的教育规范方面的教育学知识，它可以被改写为“教师应尽可能针对学生的特点，去采取不同的措施”。

第四，当教育学知识关涉教育方法方面的内容，旨在分析教师于教育教学活动中需要采取的一些行为举措时，该种知识是对教育学中的“合情性”知识与“合理性”知识的细则化和实践化。同时，虽然与规范性的教育学知识十分相近，但它却并不带有很强的主观色彩，可被归入上述的“实践教育学”或“教育技术理论”领域。由此，学者对这一类型教育学知识的陈述便要从不同的教育情境出发，遵循教育规律的基本原理，从事实层面对“教育做什么”和“教育怎么做”进行学理性的说明。该种类型的教育学知识适宜像陈述“教育规律”方面的知识那样，采用“to do”的实然判断型的命题形式。

总之，由于理论成分和实践成分的差异，分属不同部类教育学知识往往有着不同性质的陈述内容，也有着不同类型的言说方式。而教育学知识这种分类化的言说方式，要求我们在对教育学知识进行陈述时，首先要从拟陈述教育学知识的性质出发，厘清该知识属于何种知识类型，并以此确定该类型所对应的基本命题形式，其后，我们还要对该命题涉及的主要概念予以澄清和修正，从而在概念和命题两个维度上保证对教育学知识本义的准确表达。

四、教育学知识陈述的案例：“教育回归生活”的话语分析

教育学知识的陈述和其他学科对知识的陈述一样，需要借助于一系列概念以及建立在概念基础上的相关命题，而这些命题本身又需要在接受逻辑和实践

的双重检验后，方才能被证实或证伪。下文中，笔者将以对“教育回归生活”这一教育学命题的“检验”为案例，呈现我们当如何根据知识内容来更加准确地陈述教育学知识。

作为2001年课程改革的基本命题，“教育回归生活”是以胡塞尔“生活世界”的哲学思想为理论基石，以应然判断为命题形式呈现的有关“教育价值”方面的教育学知识。尽管历经多年讨论，但教育学研究者们对“教育回归生活”的相关论题，即对“教育能否回归生活”（Whether）、“教育为何回归生活”（Why）、“教育回归怎样的生活”（What）以及“教育怎样回归生活”（How）等依然存有很多疑问，究其原因，这与“教育回归生活”在话语陈述方面表现出的缺陷不无关系。

“回归生活世界”的理念最早是由现象学大师胡塞尔提出，他之所以提出“生活世界”的范畴，是因为在他眼中近代兴起的实证主义科学把哲学等探问人生意义的学科排除在了科学和理性的认同之外，以致科学世界和工具理性在极度膨胀的同时，人们遗忘了作为自己根基的生活世界，不再关心与自己息息相关的生命价值问题，从而引发了欧洲严重的科学危机、人性危机以及文明危机。而要挽救这些危机，唯一的方法就是拨开实证科学所营造的“虚假繁荣”，重回被人所遗忘和疏远了的生活世界。

在胡塞尔那里，生活世界是“唯一实在的、通过知觉实际地被给予的、被经验到的世界”①，它意指“我们生存于其中，我们的一切活动和社会产物都得以产生的现实而具体的生活境域”，“是科学世界和文化世界的现实基底与意义之源”②。生活世界首先是一个经验着的、非抽象、非概念化的直观世界，“是一个始终在先被给予的、始终在先存在着的有效的世界”，人们存在于其中，无需通过逻辑、认识便能感觉到它，并将它看作一个不言自明、毋庸置疑的前提，从不对它有所怀疑，甚至“就连那种企图在科学真实性中认识生活的普遍目的也以生活世界为前提”③。生活世界也是一个奠基性的、主观的、相对的世界，它不仅以其直观性和自明性为科学世界奠定了基础，还可以被生活主体从个人的角度加以感知和建构，使每一个人都拥有他个体化的生活世界。

“教育回归生活”便是在引鉴上述思想的基础上，为消解我国教育实践中长

① 胡塞尔选集［C］. 上海：三联书店，1997：1027.

② 潘斌. 论教育回归生活世界［J］. 高等教育研究，2006，（5）：7.

③ 倪梁康. 现象学及其效应［M］. 上海：三联书店，1994.131.

期存在的“书本中心”、“知识中心”、“考试中心”而提出的一个命题。它不仅切中了学校教育中存在的课程内容偏重知识学习、教学过程脱离生活实际、教育评价专注分数高低的时弊，从而为教育活动“符合学生的自然本性，尊重、爱护每一个学生纯洁天真的自然天性，为他们提供一种适合其自由地展示自己的天性及其个性、情感、人格的生活空间和生活氛围，引导他们能够真正地热爱、享受属于自己的生活”提供了有益借鉴，还将新的哲学话语引入到教育研究当中，拓宽了教育研究的思路，深化了学界对教育与生活内在关系的认识，丰富了原有的教学、课程及德育理论，为“教育回归并深深地扎根于现实的生活”，“从根本上改变教育脱离生活的局面”，“使教育引领现实的生活和创造理想的生活”①做出了全新尝试。

与胡塞尔“生活世界”的哲学理论一脉相承，“教育回归生活”这一命题也预先设定了“生活”先于教育的“不证自明性”和“不可还原性”，“生活”在其中成为整个教育教学工作的中心和评价尺度，它被视为教育实践活动的“安身立命之本”，而“基于生活”、“通过生活”、“走向生活”、“服务生活”也自然而然地构成了“教育回归生活”的目的。然而，如若仔细分析，我们便会发现作为该命题的合法性来源的“生活”似乎既不明确，也不完备：

一方面，在学理上，“生活”的内涵过于模糊。尽管沿用着从胡塞尔那里继承来的话语的陈述方式，但教育学研究者们确实存在着对“生活”、“生活世界”的不同解读，其基本含义常因个人理论视角的不同而有所差异；另一方面，在实践中，“生活”的外延过于宽泛。尽管每个人都在生活着，但生活的表现形式却会因个人追求和经历的不同而有所区别。所以，生活是无尽的，我们很难准确地指称“怎样的一种生活才算是真正的生活”。在一定意义上，“假若你问我‘什么是生活’，我只能回答‘我正在生活’或者‘我过着怎样的生活’”，一个完结的“生活”定义，对那些有着不同实践体验的人而言，是非法和外在的。由此可知，在对“教育回归生活”这一观念证实或证伪之前，我们首先需要厘清“何谓生活”、“何谓教育”，辨析教育与生活的内在关系，以确证教育“回归”生活之可能。

教育与生活有着相互作用的辩证关系。生活是第一性的，它由教育生活、经济生活、文化生活、政治生活等具体的人的活动构成，比教育更具普遍意

---

① 孟建伟.教育与生活——关于“教育回归生活”的哲学思考［J］.教育研究，2012，(3)：15-16.

义：一方面，生活为教育的发生发展设置着规约。生活的空间限定了教育的空间和内容，教育总是需要遵循和再现一定历史经济条件下人类的生产生活方式，也总是需要为受教育者走向生活、建构生活铺设道路，脱离生活之约，教育的发展便会成为无本之木；另一方面，生活为教育的发生发展提供了可能。生活给予教育以丰富的素材和多样的方式，社会生活的每一次进步总会为教育的发展注入活力，总会使教育的内容、手段、途径发生重大改变，脱离生活之基，教育的发展便丧失动力源泉。

教育是第二性的，它既是受动的也是能动的：首先，教育本身便是一种特殊的生活样态，它受动地体现着人类生活的总体发展水平，需要按照社会要求将世代积累的知识经验传递给下一代，使下一代人尽快达到或接近上一代的文明程度，以保全最基本的生活方式和思想观念，促进个体和人类生活自觉有序地进行。其次，教育不完全等同于生活，它也能动地改造着生活。教育需要尊重生活、传承文明，但也需要优化生活、升华生活，将经价值选择的人类生活经验的精华部分以集中、系统、简约的方式教授给下一代，使他们在适应生活的同时也掌握主动建构生活的能力，提高自我生活质量，并促进其他形式的社会生活的发展。因此，教育是对生活的动态延续，它本身即蕴含着对生活的审视态度和批判精神，是现实存在着的“超现实”生活状态，其目的不在于代际间生活的复演，而在于寻求对前人生活适应后的超越。

教育和生活的内在关系既已辨明，便可对下面三个相互关联的问题逐次予以解答，从而确证“教育回归生活”的陈述方式是否恰当：

其一，“生活”能否得到教育回归？生活是一个无尽的概念，它的内涵极小，可被简单地定义为“个体为保全生命、发展生命而进行的实践活动”；外延却极大，表现的形式也纷繁复杂，但大致可划分为为我们时刻经验着的形而下的“日常生活”（Daily Life）和我们可能关涉到的形而上的“理念生活”（Idea Life）。然而，这却导致了一个难以解释的逻辑悖论：首先，在前者的视域内，生活是“人为了生存和发展必须进行的各种活动”，而“各种各样的生活活动共同构成了人的生活世界。生活世界不是一种理论、理性的构架，不是‘我思’的产物，它是人们无法质疑而又必须面对的生存现实，它是一个现实的领域，是一个具有原初自明性的领域”。[①] 简言之，“生活世界是一种处于自在状

① 鲁洁.生活·道德·道德教育［J］.教育研究，2006，（10）：3.

态的世界”，“是以传统、习俗、经验、常识、朴实感情与自然资源等自在因素构成的人的生存的场域”①，而我们面对的当代生活世界，则是“一个以全球化为背景、以现代性为特征、以原子主义为思维方式和行为方式的具体的生活世界”②。教育是生活的固有表征，它必然在日常生活之中，所谓现时教育对日常生活的“疏离”，也是源自日常生活本身的异化状态，异化了的教育依旧是日常生活的一部分，并由异化了的生活所决定，是生活丧失了“生活的本意”，而非教育脱离了“生活的根基”，③因此，当“教育回归生活”的“生活”被理解为“日常生活”时，它会发现自身本无“回归”的必要，教育始终都是一种“无需回归日常生活”的生活样态，已然存在于“此岸世界”的经验生活之中。其次，在后者的视域内，生活“不是指‘自然世界’、‘社会世界’和日常生活。‘生活世界’一方面是指对人生有意义的、且人生在其中的世界，生活着的心物统一的世界；另一方面是指人生的过程、人的生成与发展的过程”。教育以建构“理念生活”为目标，理论思维所预设的“理念生活”是超出受教育者经验范围的“蓝图”，在更多时候，它们以“理想生活”和“教育理想”的形式表现着，是高于日常生活的非现实生活状态，具有崇高的导向性，符合善的价值诉求却未必符合真的事实规律。因此，当教育要回归理念生活时，它会发现自身本无“回归”的可能，教育始终都是一种“无法回归理念生活”的生活样态，教育仅能以“彼岸世界”的超验生活为预期，在美好的理念生活实现之前，讨论“回归”或者“还原”都有奢谈之嫌。所以，“教育回归生活”存在逻辑上的双重困难，它既无需向实践着的日常生活回归，也无法向假设着的理念生活回归，该命题虽具有对教育异化事实的“合情性批判”（Plausible Criticism），却缺少对教育异化事实的“合理性分析”（Reasonable Analysis），是典型的“规范”而非“规律”的“意向性”陈述方式，我们无法据此做出“必须如此行为”的有效判断，仅能引向“或者应该或者不应该”的可疑性

---

① 熊川武，江玲．论教学世界与生活世界的基本差异［J］．湖南师范大学教育科学学报，2004，（9）：20.

② 晏辉．教育回归生活世界的基本方式［J］．华东师范大学学报（教育科学版），2006，（3）：3.

③ 教育与生活相疏离的真正原因在于现实生活的异化状态，这恰恰说明了生活对教育的深刻影响，也印证了教育本身就是生活的一种表现形式。如我国中小学普遍存在的应试化教育，便源自于社会转型期现实生活的功利倾向，强调效率至上，强调优胜劣汰，人们在从事很多社会活动时常会带有“物化”的思维方式，即它能否为自身带来利益，在对待教育时同样如此，认为“吃得苦中苦，方为人上人”，将教育与一定的功利目标相联系，希望学生在考试分数的竞争中脱颖而出，获得较高的经济、社会地位。因此，教育异化现象虽是教育领域内的异化现象，但却并不都产生于教育内部，生活对教育而言始终都是第一性的。

结论。

其二，“生活”是否值得教育回归？生活无善恶之分，它仅仅是一种未经审视的生命事实，无论具有怎样的内容和形式，无论是否符合社会的伦理道德规范，生活都是“合理性”的存在，[①]只有外在于生活的主观评判发挥效用时，我们方能将“是否有价值”引入生活之中，指说“这是好生活”或者“那是坏生活”。所以，“未经审视的生活是毫无价值的生活”（苏格拉底言），生活本身不具有天然的批判性，“真实的现实生活并不具有天然的合理性，也不是最终用以评判教育的根据”，[②]它缺少自我反思、自我否定的动力。在进入某种生活之前，我们应首先对其发起质问，以确证这样的生活是否具有进入的必要，是否符合真善美的评判标准。与生活“价值无涉”的特质相对，教育则具有先在的价值性。教育是培养人崇高向善的事业，它“从来同‘使人向善’有关，或者说它以‘使人向善’为内涵，是个规范词，而‘教’是一个中性的动词，为描述词”。[③]在教育中，“教”仅是一种手段，它直接指向个体知识与技能的获得，是“上所施下所效”的客观存在状态；而“育”则是一种价值诉求，它指向人内心世界的充盈与完善，规定着教育的本质，为“教”赋予意义和目的，体现出“养子使作善”的育人本质。所以，尽管“教育回归生活”潜藏着对现实生活的褒扬态度，但实际上，“未经审视的生活”对教育而言并不具有天然的“自成目的性”和“合法性”，即生活无善恶之分，教育却有善恶之辨，不是所有的生活都符合“善的意蕴”，也不是所有的生活都含有“育人为善”的教育价值。单纯追求教育对生活的回归，单纯强调教师对儿童生活的尊重，都有可能违背教育“向善”的初衷，导致教育甄别功能的减弱和对生活的简单适应。为此，我们应抱定这样的观念：教育源于生活又高于生活，不是所有生活都值得教育“回归”，它需要与生活保持适当的距离，需要引导学生对既有的生活进行反思，需要帮助学生在求真、求善、求美的过程中超越那些庸俗的、功利的和碎片化的生活，从而为学生营造更加美好的生活氛围。

---

① 未经主观价值评判的生活一定是“合理的”，但未必是“合情的”，我们不能也不会因为一种生活违背道德伦理规范，便说这不是生活。以偷窃和仇杀为例，小偷偷盗他人财物，从而使他的生活很富足也很快乐，保全了他的生命，发展了他的生活，对小偷而言，这种生活最合理不过了；仇杀者因为仇恨杀害他人，这种行为于法律甚至道德上都是该被指责的，但是，他杀人是为了报仇，他杀人后实现了自己的理想，这种生活同样是合理的。

② 张海波，杨兆山．生活的实践性与教育的实践立场［J］．国家行政学院学报，2011，（12）：38.

③ 陈桂生．“教育学视界”辨析［M］．上海：华东师范大学出版社，1997：16.

其三，“回归”（Regression）一词的使用是否适切？通过上文对“生活”合理性的省思，我们已经可以判定“理想的生活”往往并不理想，有些“未经审视的生活”甚至还会阻碍教育“育人为善”目标的实现，因此，不仅“生活”不具有先在于教育的合法地位，“回归”一词的用法更是有待商榷。“回归”意指回到或者还原事物的原初状态，但既然教育无法回归理念生活，也无需回归日常生活，那么“回归”一词便不再适合被继续用作描述教育与生活内在关系。教育是社会生活的子系统，它既需与整个生活协同一致，以反映生活的内容，紧随生活的变化，又需保持相对独立的地位，以批判生活之现状，发现生活之不足，并对生活给予主动建构，所以，包含“否定之否定”含义的“扬弃”（Aufhebung）一词其实可以更好地呈现教育之于生活适应而能动的状态。“扬弃”不同于简单地抛弃，它是事物“联系的环节”和“发展的环节”的统一，包含着对事物原有状态克服、消解、保留、提高的意思，一方面，扬弃是对事物的原有状态的继承，它需要保留其中具有积极的东西，实现事物发展的连续性，这是“扬”的过程；另一方面，扬弃是对事物原有状态的否定，它需要克服其中消极的东西，实现事物发展的超越性，这是“弃”的过程。

相对于“教育回归生活”，“教育应完成对生活的扬弃”的话语表达方式更为合理地揭示了教育在面对人类生活世界时所应抱定的科学态度，即教育是不断发展着的现实生活样态，它在为生活决定的同时也在能动地改造着生活，为此，教育不能盲目地回归生活，也不能延续现实生活的非批判性，而需审慎地接纳生活、适应生活，需积极地选择生活、发展生活，实现教育在更高层次上对生活的观照。

当然，“教育应完成对生活的扬弃”也还没有完全说明教育与生活内在的逻辑关系。“扬弃”并非为了“简单的扬弃”和“再一次的扬弃”，如若采取此种思路，尽管能体现出教育发展的动态性，却也将教育无明确目的指向地铺散开来，导致“漫无目的的目的”成为教育的目的。教育对生活的扬弃是绝对发展和相对静止的统一，在两次扬弃之间的“正在生成但尚未实现”的生活样态便是教育扬弃的价值诉求。在此，笔者借用国内学者的观点将其称之为“可能生活”，而人类的全部生活可被视为一个主体不断地将“可能生活”实现为“现实生活”，并在此基础上建构新的“可能生活”的历史过程。

可能生活是一种未竟的生活，它“可以定义为每个人所意味着去实现的生活”[①]，具有现实的“不可言说性”和未来的“可通达性”。首先，可能生活是基于既在生活[②]的理想生活样态。可能生活并不在现实世界之外，它是既在生活允许我们在现实世界的“边界”之内可能进入的生活，也是我们在既在生活之内可以设想的“未来的现实生活”，而非如宗教教旨臆造出的完善的、虚幻的“天国生活”。其次，可能生活又是高于既在生活的理想生活样态。可能生活在被创造出来之前，都只有“可能性”，虽能为既在生活中的人所理解，却不能为既在生活中的人所经验，同时，“如果一种可能生活得到实现，它就成为现实生活。但并非所有的现实生活都是可能生活的实现，而有可能只是某些愚蠢的行为偶然导致的。可能生活则总是合目的的生活”[③]。“可能生活”在事实判断（客观的正确性）和价值判断（主观的正确性）上都能被证明是“好的生活”和“值得过的生活”，它不仅使“教育扬弃生活”获得了真正的价值归宿，也使“扬弃”这一行为有了明确的目的。

综上所述，“教育回归生活”之所以会引起人们的共鸣和关注，并不因为它历经理论和实践的双重考证，而是由于该命题对消解我国书本中心、知识中心、考试中心的教育积弊，对促进学生个性的丰富以及全面自由发展教育目标的实现都具有积极意义。然而，命题的合情性不能必然推导出命题的合理性，“由于缺乏坚实的理论基础和实践支持，加之提法模糊、指代不明”，“教育回归生活”这一命题的话语陈述方式“既给人们思考教育问题带来了理论困惑，也给教育实践带来了一定的误导”[④]，所以，我们应将其修订为“教育应扬弃既在生活，努力建构可能生活”。

---

① 赵汀阳．论可能生活［M］．北京：中国人民大学出版社，2010：140.

② “既在生活”（Dasein Life）由人类社会现时的物质生产方式所决定，是个体承受并经验着的生活。在纵向上，既在生活是“历史给定了的必然生活”，每一代人的实践活动都只能在前人赋予的经济、文化基础之上展开，人不可能脱离历史预设的条件而随心所欲地获得发展。在横向上，既在生活是“现实待定的开放生活”，它在承继历史条件、受限历史规约的同时，也在新的时代情境下拓展着“给定了的必然生活”，进而将其改造为“此刻所经验着的现实生活”和“未来可供选择的可能生活”，使个体“终身建构”的既在生活勾勒出“由适应到超越”、“由受动到能动”的美好愿景。

③ 赵汀阳．论可能生活［M］．北京：中国人民大学出版社，2010：140.

④ 张传燧，张荷花．教育到底应如何面对生活［J］．教育研究，2007，（8）：51.

结　语

人类虽然早有对教育活动的认识，但直到近代社会，专事教育现象研究的教育学方才真正登上历史的舞台。若以《大教学论》的问世为开端，作为一门学科的教育学已经经历了近四百年的沧桑，然而，如此漫长的学科发展历程却并未对教育学学科成熟度的提高带来实质性影响。当有着相近学科性质的经济学、社会学、政治学等学科在我们的日常生活中扮演日益重要角色的同时，貌似繁荣的教育学却依旧是人类知识王国中备受轻视的“次等学科”（Sub-discipline），它不仅因理论原创性的匮乏而承受着来自学术同侪的质疑，也由于对实践指导力的不足而屡屡遭到教育实践者的诟病。

成为一门有着独立学科地位和良好学术声誉的科学，是教育学的“学科梦”，而要实现这一梦想，就需要研究者坚持以现代性为导向，展开对教育学的科学化。当然，“科学化”的过程是不会自然而然地发生的，它是人类对教育实践活动的认识不断深化的结果，需要教育学研究者高度的理论自觉和理论自省。本书对教育学科学化问题的探讨基于两方面思考：其一，我国教育学就理论建设本身而言远未“科学”，更遑论“科学主义”。我国教育学面对的是一个“前现代”的“待科学化”的问题，“科学化”的不足不仅造成理论的困扰，也造成实践的混乱。其二，对西方现代教育哲学思潮（包括“后现代主义”）的引介移植固然有其合理性，但以其作为理论工具来研究我国教育问题，其科学性与合理性本身就是一个需要证明的问题，相对简单化的理论解读除了鼓动起一些理论的喧嚣外，对教育实践的影响其实是极其有限的。当前教育研究的问题意识很大程度上是“错位”的，试图以“后现代”的理论去解决一个“前现代”的问题，造成对教育学科学化的忽视。没有建构，便要解构，教育学界给自己制造了一个虚置的问题。对现代性与科学化的警惕，是一个理论误区，是时候从里面跳出来了。

那么，究竟何为“科学”呢？尽管在唯科学主义者看来自然科学是“科学”的标准形态，但事实上，从“科学”的演化之路及其发展趋势来看，“科学”从来都没有获得过唯一解释，“科学 = 自然科学”这种对“科学”的绝对化理解方式本身即是对“科学精神”的违背和不尊重。基于上述考虑，本书倾向于对“科学”做更加广义的理解，认为“科学”只是一些基于特定视角对世界做出解释的逻辑清晰、表述严谨的知识系统，而一门科学的科学性则主要体现在“独特的研究现象”、“恰当的研究方法”、“专门的概念和命题”、“准确的话语陈述方式”、“合理的逻辑结构”这五个维度。以此类推，教育学的科学化便是以学科研究方法的适切性为保证，以学科知识内容的有效性为直接目标，依照科学化的五个维度进行自我改造和自我完善的过程，是一个包括教育学研究对象专门化，基本概念、命题明确化，陈述方式严谨化以及框架体系合理化等方面在内的系统工程。

教育学由教育学知识汇总而成。教育学知识是建构教育学理论体系的基本单位，是一类研究者通过教育学术研究活动获得的有关教育实践活动以及教育学自身且具有较高系统化和学理化水平的知识信息。不同于教育知识，教育学知识对教育实践的影响必须通过教育活动参与者这一“中介”转化方可实现。一方面，教育学知识可以促使教育活动参与者形成一定的教育观念，产生相应的教育行为，从而对教育实践的过程与效果产生影响；另一方面，教育活动参与者可以根据教育学知识推衍出能够直接作用于教育实践的教育知识，为自身提供更多可供选择的具体方法，从而以思想的丰富来增强他们的实践能力。

教育学知识的科学化表示一种过程，是产出具有科学性教育学知识的前提和方法，而教育学知识的科学性表示科学化了的教育学知识所表现出的性质，是教育学知识科学化的目标和结果。教育学知识和教育学之间的相互关系决定了教育学知识科学化是教育学科学化中最为基础的一环，通过教育学知识的科学化，我们可以有效提高教育学知识的科学性，进而以点带面地推动教育学的学科科学化，概言之，教育学知识科学化是建设“科学教育学”的基本前提和切入点。教育学知识的科学化体现了对知识确定性和精确性的追求，但无论何时，这种追求都既要适合教育学的学科特点与现实需要，也要防止对自然科学的过度模仿，保持“事实性”与“价值性”教育学知识间的张力。

科学与现代性之间存在着极为紧密的联系，科学在现代性的引导下走向辉煌，现代性在科学的巨大成就中备受推崇。当然，每一种思想都可能会有局限性，现代性亦不例外。随着后现代主义在教育学研究领域的兴起，教育学知识科学化的合法性也因此受到了前所未有的挑战。诚然，后现代主义敏锐地觉察到了教育学知识科学化过程中可能面临的风险，不仅为教育学对自然科学研究范式的过度沉迷敲响了警钟，也为教育学的学科建设提供了一种新的思路，但就目前而言，教育学知识的科学化对教育学的学科建设仍是最有益也是最有效的现实选择，其原因在于：首先，就知识科学化的反对之声，即后现代主义思潮来看，它的相关理论尚未成熟，既不适用于探究教育活动所蕴藏的确定性，也不能被用作消解教育学面临的学科发展困境；其次，就知识科学化的效用来看，它有助于澄清教育学中的基本问题，也有助于保持教育学独立的学术品性，更有助于教育学更深入地把握教育实践。

教育学知识科学化需就教育学知识生产中存在的现实问题做出回应，根据教育学知识在内容来源、生产方法、陈述语言方面存在的偏差，我们应将教育学知识科学化的重点置于对教育学知识科学化的前提、教育学知识科学化的方法论以及教育学知识的科学化陈述的澄清上。

教育学知识萌发于教育学的研究对象，教育学知识科学化的实现必须以明确的研究对象为前提。理论界对教育学研究对象的划分主要为教育事实观、教育现象及其规律观、教育现象观以及教育问题观四类。其中，教育事实是具体而不可重复的客观存在，教育问题是教育事实矛盾的主观反映，教育现象是相似而共识性的教育问题，教育规律是潜藏在教育现象中的本质联系，它们形成了一种层层递进的关系。没有教育事实，就不会有发生于教育事实中的矛盾，也就不存在对矛盾加以“主观映现”的教育问题；没有相对性的教育问题，就很难从中归纳出普遍性的教育现象；没有蕴含在教育现象中相似性，没有对这些相似性的深入分析，就不能发现重复作用于教育活动的教育规律；教育规律是研究者从事教育学研究的目的，教育现象相似性的原因需要在教育规律中寻找合理解释。尽管教育事实观、教育现象及其规律观、教育现象观以及教育问题观各有其合理之处，但仅有“教育现象”符合成为教育学研究对象的标准，这是因为教育现象体现了教育学的学科独特性，具有高度概括性，体现出了研究话题的公共性，并且也只有研究教育现象才能揭示教育规律。

教育学知识的生产需要借助一定的方法论，教育学知识科学化的实现还必须以恰当的研究方法为依托，方法论的科学化是教育学知识科学化的重要保证。从教育学的发展历程不难看出，实际上，教育学自出现之日起便缺少独特的研究方法，然而，由于方法的价值在于分析研究对象，而不是用来标示学科的“独特性”，故教育学对其他学科研究方法的借鉴吸收并无碍于它作为一门学科的事实。教育学研究方法论的多元化趋势符合当前教育学研究的需要，有助于产出更多视野开阔、内容深刻的教育学知识，但我们决不能就此走入“为方法而方法”的误区，而要坚持教育学研究方法论建设的“多元”趋势，和方法论选择的“一元”标准，确保教育学的研究方法论适用于“教育学的研究对象”、适用于“具体的研究对象”、适用于“本土的研究对象”。

理论思维通过语言来把握存在，教育学知识的科学化的实现必须以准确的陈述语言为保障，对教育学的基本概念范畴和命题做规范化的陈述，才能加强学科内部的理论对话，打通教育理论研究者与实践者之间的壁垒，赋予理论以实践的活力。教育学知识生产应是一项集专业性、学理性和教育性为一体的学术研究活动：专业性意为教育学知识生产的主体大都需要经过长时间的学习准备和专业训练，可以用更为专业的视角和话语解答他人无从解答的问题；学理性意为教育学知识生产必须恪守严格的学术研究程序和采取特定的研究方法，去形成之于教育活动的理性认识；教育性意为教育学知识生产是专门分析教育现象、建构教育学知识体系的研究活动。教育学知识生产的特点需要教育学知识成熟的语言，需要以高水平的学理性、逻辑自洽性和准确性为标准，从而能够全面、真实地呈现教育学知识的“本义”。依据理论成分和实践成分的差异，分属不同部类教育学知识需要不同类型的言说方式，所以，陈述教育学知识，就要首先从拟陈述教育学知识的性质出发，分清它所属的知识类型，并以此确定该知识宜采用的命题形式。

“路漫漫其修远兮”，“从教育学的发展历史可以看到，教育学的产生和发展是艰巨的。教育学从哲学中独立出来，形成一门独立的科学，这是一次历史性飞跃。教育学的科学化，这是一件更艰巨的事业，是更大的历史性飞跃。这一飞跃更需要长期艰苦不懈地斗争”。[①] 的确，教育学距离科学还有很长的一段路要走，但即便如此，我们也不应放弃对这一“学科梦”的执着追求，正如康德在《论教育学》中所说：“对一种教育理论加以筹划是一种庄严的理想，即使我们尚无法马上将其实现，也无损于它的崇高。”[②] 要想真正使“梦想照进现实”，将教育学建设为一门被普遍认可的科学，首先，我们当自觉坚守教育

---

① 石佩臣．教育学基础理论［M］．长春：东北师范大学出版社，1996：9.

② ［德］伊曼努尔·康德．论教育学［M］．赵鹏，何兆武译．上海：上海人民出版社，2005：6.

学知识生产的实践立场，以此克服教育学知识生产与教育实践相脱节的问题；其次，我们当自觉坚守教育学知识生产的学科立场，以此克服教育学知识生产独立性偏弱的问题；再次，我们当自觉坚持教育学知识生产的学术立场，以此克服教育学知识生产中忽视结论的确定性、有效性和普适应而引发的“怎样都行”的问题；最后，我们当自觉坚持教育学知识生产的本土立场，以此克服教育学知识生产脱离本土教育实践、盲目推崇西方学术话语的问题。

教育学知识的科学化，既是一个理论问题，也是一个实践问题。囿于笔者有限的研究能力，本书目前所做的工作仅限于从理论层面分析了教育学知识科学化所迫切需要澄清的几个主要问题，至于教育学知识科学化的程度当如何评价、教育学知识科学化的具体实施策略，笔者还没有形成清晰的认识。所幸的是，教育学知识的科学化将是笔者今后学术生涯中的一个主要研究领域，对于本书未及探究问题尚有机会予以解答。笔者坚信，在现代性引导下的科学化之路是当代教育学学科建设的正确方向，坚持以科学的态度从事科学的教育学研究，教育学一定会成为一门受人尊重的科学。

参考文献

中文著作类：

[1][法]A.J. 格雷马斯. 符号学与社会科学[M]. 徐伟民译. 天津：百花文艺出版社，2009.
[2][法]埃德加·莫兰. 复杂性思想导论[M]. 陈一壮（译）. 上海：华东师范大学出版社，2008..
[3][苏]巴班斯基. 教育学[M]. 北京：人民教育出版社，1986.
[4][英]贝尔纳. 历史上的科学[M]. 北京：科学出版社，1981.
[5][德]布雷岑卡. 教育目的、教育手段和教育成功：教育科学体系引论[M]. 彭正梅（译）. 上海：华东师范大学出版社，2008.
[6][巴]保罗·弗莱雷. 被压迫者教育学（30 周年纪念版）[M]. 顾建新等译. 上海：华东师范大学出版社，2007.
[7][英]波普尔. 科学知识进化论[M]. 北京：生活. 读书. 新知三联书店，1992.
[8][英]波普尔. 历史决定论的贫困[M]. 上海：上海人民出版社，2009.
[9][英]伯特兰·罗素. 西方的智慧[M]. 北京：文化艺术出版社，2005.
[10]陈桂生. 教育学的建构[M]. 上海：华东师范大学出版社，2009.
[11]陈桂生. 教育原理[M]. 上海：华东师范大学出版社，2000.
[12]辞海·教育、心理分册[C]. 上海：上海辞书出版社，1980.
[13]陈嘉明. 现代性与后现代性十五讲[M]. 北京：北京大学出版社，2006.
[14]蔡亮. 知识决定论[M]. 北京：北京日报出版社，1998.
[15]陈元晖. 中国教育学史遗稿[M]. 北京：北京师范大学出版社，2001.
[16]东北师范大学教育系教育学教研室编. 教育学[M]. 长春：东北师范大学出版社，1955.
[17][美]多尔. 后现代课程观[Ml. 北京：教育科学出社，2000.
[18][日]大河内一男，海后宗臣. 教育学的理论问题[M]. 曲程，迟凤年（译）. 北京：教育科学出版社，1984.
[19][德]底特里希·本纳. 普通教育学——教育思想和行动基本结构的系统和问题史的引论[M]. 彭正梅等译. 上海：华东师范大学出版社，2006.
[20][德]恩斯特·卡西尔. 人论[M]. 甘阳（译）. 北京：西苑出版社，2003.

[21][英]弗里德里希·A.哈耶克.科学的反革命——理性滥用之研究[M].冯克利译.南京：译林出版社，2003.

[22]范良火.教师教学知识发展研究[M].上海：华东师范大学出版社，2003.

[23][美]费耶阿本德.反对方法——无政府主义知识论纲要[M].周其昌译.上海：上海译文出版社，1992.

[24][美]国家研究理事会.教育的科学研究[M].曹晓南等译.北京：教育科学出版社，2006.

[25]郭元祥.教育逻辑学[M].北京：人民教育出版社，2002.

[26][美]赫伯特·马尔库塞.单向度的人[M].张峰，吕世平译.重庆：重庆出版社，1988.

[27][德]赫尔巴特.普通教育学——教育学讲授纲要[M].李其龙译.人民教育出版社，1989.

[28]赫尔巴特文集（3）[C]：教育学卷一.李其龙，郭官义译.杭州：浙江教育出版社，2002.

[29]胡军.知识论[M].北京：北京大学出版社，2006.

[30][美]华勒斯坦等.学科·知识·权力[M].刘健芝译.北京：生活·读书·新知三联书店，1999.

[31]胡森.国际教育百科全书（第9卷）[M].贵州教育出版社，1990.

[32][德]汉斯·波塞尔.科学：什么是科学[M].李文潮（译).上海：上海三联书店，2002.

[33]胡塞尔选集[C].上海：三联书店，1997.

[34]赫斯特.教育理论.教育与教育学[C].瞿葆奎主编.人民教育出版社，1993.

[35]华中师范学院教育系等.教育学[M].北京：人民教育出版社，1982.

[36][美]杰罗姆·凯根.三种文化：21世纪的自然科学、社会科学和人文学科[M].王加丰等（译).上海：上海人民出版社，2003.

[37]金岳霖.形式逻辑[M].北京：人民出版社，2005.

[38][德]康德.自然科学的形而上学起源[M].邓晓芒译.北京：生活·读书·新知三联书店，1988.

[39][俄]康·德·乌申斯基.人是教育的对象[M].郑文樾译.北京：人民教育出版社，1991.

[40][美]库恩.科学革命的结构[M].上海：上海科技出版社，1980.

[41][苏]凯洛夫.教育学[M].北京：人民教育出版社，1950.

[42][苏]凯洛夫.教育学[M].北京：人民教育出版社，1957.

[43][捷]夸美纽斯.大教学论[M].傅任敢译.北京：教育科学出版社，1999.

[44]李德顺.价值论[M].北京：人民教育出版社，1987.

[45]柳海民.教育原理[M].长春：东北师范大学出版社，2006.

[46]刘庆昌.教育知识论[M].太原：山西教育出版社，2008.

[47][苏]拉契科夫.科学学——问题·结构·基本原理[M].韩秉成等（译).北京：科学

出版社，1984.
[48]［英］罗素. 逻辑与知识［M］. 北京：商务印书馆，1996.
[49]［德］拉伊. 实验教育学［M］. 沈剑平，瞿葆奎译. 北京：人民教育出版社，1996.
[50]［美］莫蒂默·艾德勒. 六大观念［M］. 陈德中译. 重庆：重庆出版社，2005.
[51]［英］迈克尔·波兰尼. 个人知识——迈向后批判哲学［M］. 贵阳：贵州人民出版社，2000.
[52] 迈克·富兰. 变革的力量——透视教育改革［M］. 北京：教育科学出版社，2000.
[53] 马克思.1844 年经济学哲学手稿［M］. 北京：人民出版社，2000.
[54] 马克思恩格斯全集［C］：第 3 卷. 北京：人民出版社，1960.
[55] 马克思恩格斯全集［C］：第 25 卷. 北京：人民出版社，1974.
[56] 马克思恩格斯全集［C］：第 26 卷第 3 册. 北京：人民出版社，1974.
[57] 梅里尼·唐尼等. 教育的理论与实践——引论［M］. 王箭等译. 南昌：江西教育出版社，1989.
[58]［德］马克思·韦伯. 社会科学方法论［C］. 韩水法，莫茜译. 北京：中央编译出版社，2008.
[59]［法］米歇尔·福柯. 规训与惩罚［M］. 刘北在，杨远婴译. 北京：生活·读书·新知三联书店，1999.
[60] 马云鹏. 教育科学研究方法导论［M］. 长春：东北师范大学出版社，2002.
[61] 毛亚庆. 从两极到中介——科学主义教育和人本主义教育方法论研究［M］. 北京：北京师范大学出版社，1999.
[62] 毛泽东选集［C］：第 1 卷. 北京：人民出版社，1991.
[63] 毛泽东选集［C］：第 3 卷. 北京：人民出版社，1991.
[64] 李泽厚. 人类学历史本体论［M］. 天津：天津社会科学院出版社，2008.
[65] 倪梁康. 现象学及其效应［M］. 上海：三联书店，1994.
[66] 牛津高阶英汉双解词典（第六版）［Z］. 北京：商务印书馆，2004.
[67] 南京师范大学教育系. 教育学［M］. 北京：人民教育出版社，1984.
[68] 奥康纳. 教育理论是什么. 教育与教育学［C］. 瞿葆奎主编. 人民教育出版社，1993.
[69] 瞿葆奎，郑金洲. 中国教育学百年［M］. 北京：教育科学出版社，2002.
[70]［法］让·保罗·萨特. 存在主义是一种人道主义［M］. 周煦良，汤永宽译. 上海：上海译文出版社，1988.
[71]［法］让·利奥塔尔著. 后现代状态：关于知识的报告［M］. 车槿山译. 北京：生活. 读书. 新知三联书店，1997.
[72] 上海师范大学《教育学》编写组. 教育学［M］. 北京：人民教育出版社，1991.
[73] 石佩臣. 教育学基础理论［M］. 长春：东北师范大学出版社，1996.
[74] 申仁洪. 论教育科学：基于文化哲学的批判与建构［M］. 重庆：重庆大学出版社，2006.
[75]［德］施太格缪勒. 当代哲学主流（上卷）［M］. 王炳文等译. 北京：商务印书馆，1986.
[76] 孙喜亭. 教育学问题研究概述［M］. 天津：天津教育出版社，1989.

[77] 石中英. 知识转型与教育改革 [M]. 教育科学出版社，2001.
[78] 孙正聿. 哲学通论 [M]. 上海：复旦大学出版社，2006.
[79] 唐莹. 元教育学 [M]. 北京：人民教育出版社，2002.
[80] [意] 翁贝尔托・埃科. 符号学与语言哲学 [M]. 王天清译. 天津：百花文艺出版社，2006.
[81] [德] 沃尔夫冈・布雷岑卡. 教育知识的哲学 [M]. 杨明全，宋时春译. 上海：华东师范大学出版社，2006.
[82] 吴刚. 知识演化与社会控制—中国教育知识史的比较社会学分析 [M]. 北京：教育科学版社，2002.
[83] 王坤庆.20 世纪西方教育学科的发展与反思 [M]. 上海：上海教育出版社，2000.
[84] 王坤庆. 教育学史论纲 [M]. 武汉：湖北教育出版社，2008.
[85] 王养冲. 西方近代社会学思想的演进 [M]. 上海：华东师范大学出版社，1996.
[86] 王治河. 后现代主义辞典 [C]. 北京：中央编译出版社，2005.
[87] 现代汉语词典（修订版）[Z]. 北京：商务印书馆，1999.
[88] [美] 希拉里・普特南. 理性、真理与历史 [M]. 童世骏，李光程译. 上海：上海译文出版社，2005.
[89] 杨国荣. 科学的形上之维 [M]. 上海：人民出版社，1999.
[90] 叶澜. 教育概论 [M]. 北京：人民教育出版社，1999.
[91] [英] 亚历山大・伯德. 科学哲学 [M]. 贾玉树，荣小雪译. 中国人民大学出版社，2008.
[92] [古希腊] 亚里士多德. 形而上学 [M]. 吴寿彭（译）. 北京：商务印书馆，1959.
[93] [英] 伊・拉卡托斯. 科学研究纲领方法论 [M]. 兰征译. 上海：上海译文出版社，1999.
[94] [德] 伊曼努尔・康德. 论教育学 [M]. 赵鹏，何兆武译. 上海：上海人民出版社，2005.
[95] 杨寿堪等.20 世纪西方哲学科学主义与人本主义 [M]. 北京：北京师范大学出版社，2003.
[96] 于伟. 现代性与教育 [M]. 北京：北京师范大学出版社，2006.
[97] 杨兆山. 教育学——培养人的科学与艺术 [M]. 长春：东北师范大学出版社，2006.
[98] 中国大百科全书・教育 [C]. 北京：中国大百科全书出版社，1985.
[99] 中国大百科全书・哲学卷 [C]. 北京：中国大百科全书出版社，1987.
[100] 中国教育辞典 [C]. 北京：中华书局，1940.
[101] 周浩波. 教育哲学 [M]. 北京：人民教育出版社，2000.
[102] 赵汀阳. 论可能生活 [M]. 北京：中国人民大学出版社，2010.
[103] 赵汀阳. 没有世界观的世界——政治哲学和文化哲学文集 [M]. 北京：中国人民大学出版社，2010.
[104] 赵祥麟. 外国现代教育史 [M]. 上海：华东师范大学出版社，1987.
[105] 周作宇. 问题之源与方法之镜——元教育理论探索 [M]. 北京：教育科学出版社，2000.

中文期刊类：

[1] 布雷岑卡.教育学知识哲学：分析、批判、建议（特约稿）[J].华东师范大学（教育科学报），1995，(4).
[2] 程方平.教育研究者的学术责任 [J].教育科学，2005，(8).
[3] 陈桂生.关于“教育研究方法”的比较研究 [J].比较教育研究，1997，(1).
[5] 程亮.教育学属于人文科学 [J].教育研究，2011，(8).
[6] 陈先达.历史唯物主义的史学功能——论历史事实·历史现象·历史规律 [J].中国社会科学，2011，(2).
[7] 成有信.教育学的对象及其两个相关问题 [J].北京师范大学学报（社会科学版），1992，(6).
[8] 陈振华、徐莉.中国教育学者何以更好地安身立命 [J].教育研究，2005，(7).
[9] 丁钢.教育与日常实践 [J].教育研究，2004，(2).
[10] 杜时忠.教育学要走出“唯科学”的迷途——对科学主义教育思潮的批判 [J].华中师范大学学报（哲社版），1996，(2).
[11] 段元美，单爱慧，王世亮.信息社会下对教师知识结构的再思考 [J].高等教育研究学报，2004，(4).
[12] 范国睿.从本世纪初教育学的分化看教育学的理论性质 [J].教育理论与实践，1991，(3).
[13] 冯建军.教育学是科学吗？ [J].上海教育科研，1994，(11).
[14] 方鑫，陈素凤.浅析教师知识结构的现代化 [J].教育与教学研究，2001，(11).
[15] 郭军.教育学知识的品性与旨趣 [J].教育学术月刊，2009，(3).
[16] 郭军，吴原.从教育知识到教育学知识 [J].宁波广播电视大学学报，2007，(12).
[17] 郭元祥.关于教育学研究的科学性的若干问题思考——兼析对教育学研究现状的评价 [J].华中师范大学学报（哲学社会科学版），1997，(1).
[18] 胡德海.教育学概念和教育学体系问题 [J].教育研究，1990，(3).
[19] 胡德海.论教育现象 [J].教育研究与实验，1991，(1).
[20] 郝德永.教育学面临的困境与思考 [J].高等教育研究，2002，(7).
[21] 郝文武.教育学的科学化和合理性——论近年来我国关于教育学研究方法的反思 [J].教育研究，2002，(10).
[22] 郝文武.教育学研究对象新探 [J].陕西师范大学学报（哲学社会科学版），1995，(3).
[23] 黄志成.教育研究中的两大范式比较：“日尔曼式教育学”与“盎格鲁式教育科学”[J].教育学报，2007，(2).
[24] 扈中平.教育研究必须坚持科学人文主义的方法论 [J].教育研究，2003，(3).
[25] 胡志永.教师知识结构优化探讨 [J].中小学教师培训（小学版），1998，(5).
[26] 金生鈜.教育学的合法性与价值关涉——对元教育学的反思 [J].华东师范大学学报（教育科学版），1996，(4).

[27] 李长伟.现代性危机与现代教育研究的困境响 [J].教育理论与实践，2000，(5).
[28] 李凤艳.我国教育研究方法的历时态研析 [J].内蒙古师范大学学报（教育科学版），2005，(7).
[29] 鲁洁.生活·道德·道德教育 [J].教育研究，2006，(10).
[30] 刘济良.论后现代对教育科学研究方法的影响 [J].教育理论与实践，2000，(5).
[31] 劳凯声.中国教育学研究的问题转向——20 世纪 80 年代以来教育学发展的新生长点 [J].教育研究，2004，(4).
[55] 李琼，倪玉菁.西方不同路向的教师知识研究述评 [J].比较教育研究，2006，(5).
[31] 刘庆昌.论教育知识发展的实质 [J].教育理论与实践，2005，(6)
[32] 刘清华.教师知识研究的问题与建构路向 [J].教育理论与实践，2005，(11).
[33] 刘伟芳.我国教育学研究对象的历时考察与现时探讨 [J].当代教育科学，2005，(3).
[34] 刘旭东."现代性"教育学的批判与反思 [J].西北师大学报（社会科学版），2007，(7).
[35] 陆跃峰.从"教育学（Pedagogy）"到"教育科学（Education Science）"——论教育学科的体系特点及其发展 [J].华中理工大学学报（社会科学版），1993，(2).
[36] 李政涛.教育学的悲哀与尊严 [J].方法，1999，(3).
[37] 刘振天.科学体系中的教育学：它的地位和追求 [J].教育研究与实验，1998，(3).
[38] 马凤岐.教育实践的特性与教育学的科学化 [J].教育研究，2009，(11).
[39] 孟建伟.教育与生活——关于"教育回归生活"的哲学思考 [J].教育研究，2012，(3).
[40] 马士岭.知识的概念分析与信念 [J].山东大学学报（哲学社会科学版），2005，(2).
[41] 马云鹏，赵冬臣，韩继伟等.中学教师专业知识状况调查研究 [J].东北师范大学学报（哲学社会科学版），2008，(6).
[42] 马云鹏，韩继伟，林智中等.西方国家教师知识研究的演变与启示 [J].教育研究，2008，(1).
[43] 潘斌.论教育回归生活世界 [J].高等教育研究，2006，(5).
[44] 彭正梅.价值中立与价值灌输：布雷钦卡教育学思想研究 [J].教育学报，2009，(5).
[45] 齐梅，柳海民.教育学原理学科的科学性质与基本问题 [J].教育研究，2006，(2).
[46] 申仁洪，张洪刚.后现代科学观及其教育学意义 [J].湖南师范大学学报，2004，(6).
[47] 石健壮，李森.论知识本质观的重建及其教育学意蕴——超越后现代的反思的现代性 [J].教育学报，2010，(2).
[48] 孙秀鸿.谈专业化条件下教师知识结构的构建 [J].教育研究，2005，(12).
[49] 石中英.本质主义、反本质主义与中国教育学研究 [J].教育研究，2000，(1).
[50] 石中英.略论教育问题的主观性 [J].教育研究.1996，(11).
[51] 唐莹.事实 / 价值问题与教育学研究 [J].华东师范大学学报（教育科学版），1994，(1).
[52] 唐莹，瞿葆奎.教育科学分类：问题与框架 [J].华东师范大学学报（教育科学版），1993，(3).

[53] 吴黛舒. 教育理论与实践问题之再追问川. 教育理论与实践.2002，(1).
[54] 王建华. 教育之学———超越人文科学与社会科学 [J]. 中国教育学刊，2006，(9).
[55] 吴康宁. 教育研究应研究什么样的“问题”——兼谈“真”问题的判断标准 [J]. 教育研究.2002，(11).
[56] 万文涛. 论专业化教师的知识结构 [J]. 教育研究，2004，(9).
[57] 文雪，刘剑玲. 教育学在什么意义上不是科学 [J]. 教育理论与实践，2004，(4).
[58] 熊川武，江玲. 论教学世界与生活世界的基本差异 [J]. 湖南师范大学教育科学学报，2004，(9).
[59] 谢登斌. 现代知识性质的解构与后现代课程知识的抉择 [J]. 学术论坛.2003，(2).
[60] 徐继存. 教育学知识的限度及其意义 [J]. 教育学报，2011，(2).
[61] 垠全. 论教育学的科学基础 [J]. 教育理论与实践，1985，(3).
[62] 杨翠蓉，胡谊，吴庆麟. 教师知识的研究综述 [J]. 心理科学，2005，(5).
[63] 晏辉. 教育回归生活世界的基本方式 [J]. 华东师范大学学报（教育科学版），2006，(3).
[64] 杨寿堪，李建会. 现代科学主义与人本主义哲学的基本特征及其走向 [J]. 学术月刊，2011，(11).
[65] 于伟. 终极关怀性教育与现代人“单向度”性精神危机的拯救 [J]. 东北师范大学学报（哲学社会科学版），2001，(1).
[66] 阎亚军. 中国教育学知识生产方式的反思与重建——从研究者的角度看 [J]. 贵州师范大学学报（社会科学版），2008，(6).
[67] 杨兆山，张海波. 基于人性论的教育学学科体系建构 [J]. 教育研究，2010，(4).
[68] 周彬. 教育学的出路：目标人性化还是过程理性化 [J]. 教育学报，2009，(1).
[69] 张传燧，张荷花. 教育到底应如何面对生活 [J]. 教育研究，2007，(8).
[70] 张楚廷. 教育学属于人文科学 [J]. 教育研究，2011，(8).
[71] 张华. 教育学的“合理性”重建：科学哲学的观点 [J]. 华东师范大学学报（教育科学版），1996，(4).
[72] 张海波，杨兆山.“教育问题”探析 [J]. 教育研究，2011，(11).
[73] 张海波，杨兆山. 生活的实践性与教育的实践立场 [J]. 国家行政学院学报，2011，(12).
[74] 詹可义. 专业化教师的文献研究及思考 [J]. 安徽教育学院学报，2005，(3).
[75] 张进峰. 解析教育知识：发生在教育哲学领域的一种新思维——兼评刘庆昌的《教育知识论》[J]. 教育理论与实践，2008，(7).
[76] 周建梅. 论教育学在中国的科学化建构问题 [J]. 湖北教育学院学报，2006，(5).
[77] 郑金洲. 中国教育学研究的问题与改进路向 [J]. 教育研究，2005，(11).
[78] 周宗钞，盛群力. 从“科学化”到“消亡”——对教育学的回顾和前瞻 [J]. 教育理论与实践，2004，(5).

学位论文：

[1] 刘清华. 教师知识的模型建构研究 [D]. 重庆：西南师范大学，2004.
[2] 陈振华. 论教师成为教育知识的建构者 [D]. 上海：华东师范大学，2003.
[3] 雷云. 教育知识的社会镜像 [D]：[博士学位论文]. 长春：东北师范大学，2009.
[4] 齐梅. 教育学原理学科科学化问题研究 [D]：[博士学位论文]. 长春：东北师范大学，2006.
[5] 申卫革. 后现代知识型观照下教育学知识的实践转向 [D]：[博士学位论文]. 西安：陕西师范大学，2007.
[6] 吴卫东. 教师个人知识研究 [D]. 上海：华东师范大学，2007.
[7] 夏先良. 知识论——知识产权、知识贸易和经济发展 [D]：[博士学位论文]. 北京：中国社会科学院，2000.
[8] 姚远峰. 寻求意义：现代教育之转型 [D]：[博士学位论文]. 上海：华东师范大学，2003.
[9] 岳亚平. 教师个人知识管理策略的形成与发展 [D]. 南京：南京师范大学，2007.
[10] 周福盛. 教师个体知识的构成及发展研究 [D]. 兰州：西北师范大学，2006.
[11] 张海波. 教育问题的前提批判 [D]：[博士学位论文]. 长春：东北师范大学，2011.

外文类：

[1] Cochran，K. F.，etc. Pedagogical Content Knowing：An Integrative Model for Teacher Preparation [J]. Journal of Teacher Education，1993，(4).
[2] Grossman P L. Teachers knowledge [Z]. In M. Dunkin (ed.).International Encyclopedia of Teaching and Teacher Education，2nd edition. UK：Cambridge University Press，1995.
[3] Julie Gess-Newsome. Examining Pedagogical Content Knowledge：The Construct and its Implications for Science Education [M]. Kluwer Academic Publishers，1999.
[4] Maynard C.Reynolds.Knowledge Base for the Beginning Teacher [M]. New York：Pergamon Press，1989.
[5] R.S.Peters. Ethics and Education，London：George Allen & Unwin Ltd，1966.
[6] Shulman，L.S..Knowledge and teaching：Foundations of the New Reform [J].Harvard Educational Review. 1987，57，(1).
[7] Shulman，L.S..Those Who Understand Knowledge Growth in Teaching [J].Educational Researcher，1986，15，(2).
[8] Turner-Bisset，R.Expert Teaching：Knowledge and Pedagogy to Lead the Profession [M]. London：David Fulton Publishers，2001.
[9] UNESCO.Domination or Sharing? Endogenous Development and Transfer of Knowledge [C].The UNESCO Press，1981.

后　记

本书是在我博士论文《论教育学知识的科学化》的基础上修改而成的。我与教育学这一学科已有 13 年之缘，而这 13 年的缘分也正是我选择“教育学知识科学化”这一论题的“初心”。2005 年，我由东北师范大学经济学院转入教育科学学院（现已更名为教育学部）求学，而随着学习的深入，我发现这门学科似乎并不像我转专业之前想象的那般“曼妙多姿”：一方面，我们对教育学知识充满了信心，不仅把教育学称为科学，而且坚称教育学正在越来越多地认识到教育中的规律；另一方面，我们又觉得教育学的知识是“无力”的，教育学对教育实践中的很多问题并不能进行有效回答，导致很多人甚至连同我们自己都会怀疑教育学的学科地位和作用。那时的我也常会反问自己“教育学何用”这一问题，因为我很想知道，作为一个教育学的研究者，是否有足够的底气回应他人对教育学“科学性”的质疑。后来我逐渐明白，相对于物理、化学、生物这些“硬科学”，教育学还是非常年轻的学科，这种年轻并不单单表现为它的发展时间的短暂，更表现为它在研究方法、学术观点、话语表达等方面的不成熟。换言之，顶着“科学”之名的教育学其实并没有成为一门真正意义上的科学，它还存在着太多问题，而这些问题如果不能得到有效解决，那么教育学就很难赢得来自其他学科的尊重，也很难摆脱《围城》中那种对教育学的戏谑。抱着这样的想法，我选定了“论教育学知识的科学化”作为我博士学位论文的题目。其后，在 2015 年，我又以此为基础申报了全国教育科学规划教育部青年课题“现代性视角下教育学知识的科学化探究”。及至今日，我仍在致力于对这一问题的思考和探究，虽不敢奢望“成一家之言”，但希望通过自己的努力能够使自己深爱的教育学能够有些许发展。

由于是教育学“年轻研究者”的“年轻作品”，书中的观点或许在很多人看来显得过于偏激、稚嫩，甚至有“矫枉过正”之嫌。当然，我的本意绝非要通过分析教育学的学科问题来否认我国在教育学学科建设中取得的巨大成就，在起步如此之晚，而又历经十年浩劫的情况下，中国教育学能够发展到今天的水平已经值得我们这些教育研究者去尊敬和钦佩。然而，中国教育学要进步，要变得“理直气壮”，就不能不去勇于发现问题、承认问题，并针对这些问题展开批判和反思，以寻求解决问题的路径。我始终认为，面对教育学学科发展的危机，也许只有勇于展开对现存问题的“矫枉”，勇于进行“自我解构”后的“自我建构”，才能使教育学真正成为一门备受尊重的“科学”。

感谢我的母校东北师范大学，感谢曾经培养我的地方东北师范大学教育学部。还记得2004年，懵懂的我从家乡来到东北师范大学，顿时为这所学校美丽的校园、浓郁的学术氛围所感染，从那一刻起，我便深深地喜欢上了这里。十年的时光，承载着太多的青春回忆，学校中的每一个角落几乎都留下了我的足迹，每当驻足一地，总能想起十年中遇到的那些人、经历的那些事。大学的十年，是我青春的十年。在师大的校园里，我的生活无疑是丰富多彩的，未曾忘记与本科同学的“绿园”欢聚，未曾忘记与硕士同学离别悲伤，更未曾忘记博士毕业时的互道珍重。一直觉得，东北师范大学是一所“朴实无华”但又“韵味深远”的学校，这里或许还不能立刻向你提供“世界一流”的成长平台，但却会让你始终感受到勤奋的力量和不断习得踏实的态度。衷心希望母校在“双一流”的建设中不断发展壮大，衷心希望图书馆前“斯文在兹”的寄语能够为每一名师大的学子所铭记和实现。

感谢我曾经品读过的那些经典作品。读书的生活是快乐而充实的。在求学的过程中，我读到了许多足以用我一生去细细品味的经典，在每本书薄薄扉页的后面总是凝聚着大师们一生最为炫目思想精华。学问是严肃的，对于我这个青年学者而言，教育学似乎有着无限高深的境域，每一次的学习都会使我感到内心的无知；学问又是充满趣味的，每每读到新的思想、新的观点，又总会使我变得心潮澎湃。如果有人问什么是教育学，那么我会告诉他，教育学便是我的生活灵感的所在。

感谢我的导师杨兆山教授。我师从杨兆山教授前后达七年，这是我今生的一大幸事。老师是我专业的启蒙者，我大学中的第一堂专业课就是由老师来传授的。“善歌者使人继其声，善教者使人继其志”，老师对我的帮助，绝不止于学业，在我求学的时光里，老师不仅以他渊博的学识、认真的治学态度感染着我，更以他真诚的待人方式、洒脱的处世观念影响着我。老师为我付出了太多太多，是他为我的理想插上了翅膀，是他为我铺就了通向前方的道路。感谢老师为我付出的点点滴滴，您的教诲和恩情我会永远记得。同时，师母张秀芳老师在我求学期间给予了我很多关心和帮助，令我心存感激。无论何时、何地，只想道一声师恩难忘！

在东北师范大学的十年时间里，我还认识了多位良师益友，他们的每一堂课、每一次讲座我都历历在目。感谢柳海民教授、于伟教授、曲铁华教授、王凌皓教授、盖笑松教授，你们的博学、睿智、严谨、豁达使我深深敬服，我从你们身上学到了“何以为师”、“何以为学”。还要感谢我的师兄、师姐们，是你们在学业上给予了我无私的帮助，才使我的硕士和博士论文得以顺利完成。感谢 2011 级的同学，是你们真挚的友情和鼓励，才使我获得勇攀高峰的勇气和决心。当然，也要感谢我可爱的师弟师妹们，你们的陪伴、你们的帮助我会永远铭记。

另外，自 2014 年工作以来，我在北京体育大学还遇到了让我心存感念的同事。感谢北京体育大学教育学院的王华倬教授、刘昕教授以及体育教育学教研室的各位老师，是你们为我徐徐打开了教育道路上的“体育之门”，也是你们让我在北京这个偌大的城市中获得了像家一样的归属感。

最后，感谢我的家人，他们为我的学习工作提供了巨大的帮助和支持，每当我遇到困难，他们总能予我温暖并指明方向。在此，我只想说，家人是我前行路上的最大动力，希望他们身体健康，永远开心快乐。

本书的正式出版标示着我对“教育学知识科学化”这一论题的研究进入到了一个新的阶段，我将继续秉持“勤奋创新，为人师表”的师大教训，不断融入“追求卓越”的精神，继续用心育人，严谨治学，在教学工作中更加深入地思考和认识教育学。如果说“成为科学”是教育学的“学科梦”，那么，我愿意做一个永不停歇的“追梦人”。

高鹏

2018 年 5 月 19 日于北京